解密硅谷

DECODING SILICON VALLEY

THE INSIDER'S GUIDE

[美] 米歇尔 E. 梅西纳（Michelle E. Messina）
乔纳森 C. 贝尔（Jonathan C. Baer） 著

李俊 李雪 译

机械工业出版社
China Machine Press

图书在版编目（CIP）数据

解密硅谷 /（美）米歇尔 E. 梅西纳（Michelle E. Messina），（美）乔纳森 C. 贝尔（Jonathan C. Baer）著；李俊，李雪译．—北京：机械工业出版社，2018.10
书名原文：Decoding Silicon Valley: The Insider's Guide

ISBN 978-7-111-61021-2

I. 解… II. ①米… ②乔… ③李… ④李… III. 电子计算机工业–工业企业–经济史–美国 IV. F471.266

中国版本图书馆 CIP 数据核字（2018）第 223718 号

解密硅谷

出版发行：机械工业出版社（北京市西城区百万庄大街 22 号 邮政编码：100037）
责任编辑：杜若佳 朱 妍
责任校对：李秋荣
印 刷：北京诚信伟业印刷有限公司
版 次：2019 年 1 月第 1 版第 1 次印刷
开 本：147mm × 210mm 1/32
印 张：8.625
书 号：ISBN 978-7-111-61021-2
定 价：50.00 元

凡购本书，如有缺页、倒页、脱页，由本社发行部调换
客服热线：（010）68995261 88361066 投稿热线：（010）88379007
购书热线：（010）68326294 88379649 68995259 读者信箱：hzjg@hzbook.com

致我的父母：唐娜和戴维，感谢他们的谆谆教诲，尽管我总是在事后才真正明白他们的良苦用心。感谢克莱尔，你恰似一束明亮清晰的光，指引我前行。

——米歇尔 E. 梅西纳

致我的父母：多丽丝和莱昂纳德，感谢他们的言传身教，使我树立了正确的价值观：勤奋、坚持和面对困境保持顽强。同时，我要向洛伊丝、埃利和亚历克斯致谢，感谢他们的爱与支持。

——乔纳森 C. 贝尔

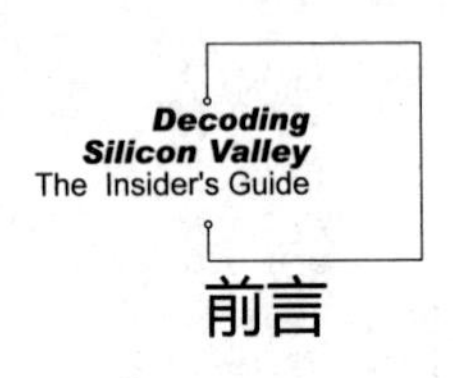

前言

硅谷并不是科技创业公司的诞生地，也不是风险资本的发源地。但在过去的50年里，硅谷的创业者们将创立公司的艺术总结成了一门科学。硅谷散发出了一股神秘的气息，但这种神秘却被扭曲、被放大。对于远离硅谷的你，其神秘感变得越发夸张。

我们在与世界各地成千上万的创业者会面，并带领数百个国际代表团访问硅谷后，了解到，大多数创业者认为，硅谷就是能够创建一家科技公司并将其建设成为全球机构的地方。硅谷是如何运作的呢？本书旨在帮助你更好地理解在硅谷所能看到和体验到的东西，包括隐藏在硅谷外表之下更微妙的方面。尽管这听起来很简单，但让我们惊讶的是，还没有人写过一本关于这个话题的书籍。

我们从创业者的角度撰写这本书，因为创业者是创业公司的核心和灵魂。我们设计这本指导书来供你使用，你可以与创业社区中的创业者朋友们分享。我们的目标是提供信息并训练洞察力，无论你在世界的哪个角落，本书都将有助于你创建一家更加成功的公司。

在硅谷的创业者庆祝成功之时，其他地方的创业者却经常被误解，被看作没有“真正工作”的人。如今，这种看法正在发生改变。创业者无处不在，而且我们看到越来越多的人接受了创业，将创业视为开发产品、建立公司、创造就业机会和促进经济繁荣的一种途径。

我们假设大多数读者和我们一样：注意力不集中却有着很强的好奇心。本书提供各种各样的信息和实用建议，其中包括访谈和故事，这有助于读者将这些建议融入生活。每个章节都是如此，你可以只阅读自己感兴趣的章节。但这种方法的缺点是，你可能不时地会看到一些重复的内容。因为我们在每一章都会讨论一个主题，例如产品 / 市场契合度，然后在另一章中更详细地展开分析。所以，如果你是一个喜欢将一本书从头到尾读完的读者，请随意跳过那些你认为多余的部分。

虽然我们是来自许多初创公司的行业老手，但我们惊奇地发现，努力写好一本书与创办一家成功的创业公司有着相似之处：它们都比想象中的要困难许多，花费的时间比想象中的更多，而且在完成之前会经受很多挫折。无论你撰写什么文章，都要反复写六七次，甚至八次。我们批评那些认为所有人都会购买他们的产品的创业者，并解释了如何清楚地识别出需要你的产品的客户。当起草这本书的初稿时，我们却忘记了这一点，认为这本书会对每个人都有意义（或者我们原以为是这样）。然而，我们采纳一些建议，与有能力的导师和顾问聚在一起。他们提出了许多好的建议并严厉地指出问题所在。他们说我们的初稿糟糕透顶。幸运的是，我们听取了他们的反馈，减少内容，使其更专注、更集中，且出乎意料地创造了一个更大的潜在读者群。我们希望这是一本更优秀的书。我们了解到，我们需要跨越一些老生常谈的问题，需要进行大量的思考并付出努力，去发现是什么让硅谷如此独特，并找出那些阻碍硅谷以外的创业者们发展的因素。这本书是我们对全球创业社区的回馈。

我们很享受撰写本书的过程，希望你会喜欢本书。

硅谷简史

在硅谷进行访问或做生意并不要求了解这里的历史，也无须知道硅谷是如何被命名的。但是，了解几十年来在硅谷开展的工作可能会帮助你了解这里的现状。

硅谷的起源可以追溯到1909年。当时的斯坦福大学校长戴维·斯塔尔·乔丹（David Starr Jordan）投资了李·德·福雷斯特（Lee de Forest）发明的真空管。自那以后，斯坦福大学不断鼓励创业者，培养出了像创立了惠普的比尔·休利特和戴维·帕卡德这样的毕业生。还有拉塞尔·瓦里安，他开发了雷达基础技术并创立了瓦里安联合公司（Varian Associates）。第二次世界大战结束后，曾在当地军事基地服役的老兵们决定留下来。他们中的许多人后来就读于斯坦福大学，增加了入学人数的同时也给学校带来了财务压力。作为增加收入的一种手段，政府建立了斯坦福工业园区，吸引了许多早期科技公司。该园区目前为硅谷的创业公司和成长型公司提供办公空间。

晶体管的发明者威廉·肖克利于20世纪50年代中期搬到了这里。仙童半导体公司由多位为肖克利工作过的工程师创立，其中罗伯特·诺伊斯和戈登·摩尔后来创办了英特尔。继1957年苏联发射人造卫星“伴侣号”后，美国政府向仙童半导体公司投资了大量资金，用于开发为美国卫星和太空计划服务的技术。

硅谷日益增长的创新声誉吸引了来自世界各地的人才。当半导体行业生产出了低成本计算机，可以使程序员们尝试使用新技术改进程序时，个人计算机产业应运而生。

苹果公司和其他电脑公司以及许多具备硬件支持和制造能力的公司共同发明了鼠标。鼠标由斯坦福大学研究院研发，由美国国家航空航天局（NASA）和美国高级研究规划署（ARPA）共同投资，而伴随着鼠标的发明，互联网的前身——阿帕网，也在不久后诞生了。随后，施乐帕克研究中心（Xerox PARC）聘请了许多从事独创鼠标研究和互联网行业的研究人员，开发了面向对象编程、图形用户界面、以太网、PostSript和激光打印机等新技术和新产品。研究人员和他们的发明促进了3Com和Adobe的形成，其中的一些技术进一步为思科、苹果和微软等公司提供了相关支持。1995年，互联网向商业开放之后，包括eBay和亚马逊在内的创业公司相继成立。虽然政府在硅谷的建立中发挥了重要作用，但在互联网时代，其作用越来越有限。

自硅谷建立以来，风险投资（简称风投）推动了经济增长，但在20世纪70年代末，养老金投资规则发生了变化，风险投资人得以筹集大型机构的资金。在此之前，大部分资金是从高净值个人手中筹集的。

直到20世纪90年代末，互联网公司和软件公司都在蓬勃发展，2000年年初，互联网泡沫改变了这一局面，之后涌现出来的公司主要从事的领域是移动、游戏、社交媒体和软件即服务（SaaS），其中包括星佳、脸书、领英、推特和Salesforce.com。这些公司的出现带来的成果主要集中在共享经济和数据分析领域，在这一领域中出现的公司主要包括爱彼迎、优步和Palantir Technologies公司。

硅谷还为医疗设备和生物技术领域的创业公司提供动力。基因泰克公司（Genentech）是DNA重组行业的领军者，由硅谷的一位风险投资人和加州大学旧金山分校（UCSF）的研究员创立，在斯坦福大学和加州大学旧金山分校同时进行技术研发。

位于帕洛阿尔托的施乐帕克研究中心

如今，硅谷已扩大了地理范围，将距离旧金山北部大约40英里[㊀]甚至更远的地区纳入其中。技术类型也变得更加广泛，从传统的硬件和软件技术到清洁技术、医疗设备、生物技术和农产品。这是一个不断促进创新和激发创业者精神的地方，而且还在不断地进行着自我改造。

那么，“硅谷”到底指的是什么呢？1972年，《电子新闻》作家唐·霍夫勒（Don Hoefler）创造了这个词语，因为当时所有的创业公司都属于使用硅芯片的半导体行业，硅谷由此得名。

㊀ 1英里＝1609.344米。

Decoding Silicon Valley
The Insider's Guide

目录

Decoding
Silicon Valley
The Insider's Guide

第 1 章

硅谷至关重要

凌晨 4:30 的埃及开罗，提醒晨祷的宣礼喇叭在耳畔响起。这座城市沐浴在雾中，天还没有亮，马路异常寂静。

此前一天，我们在开罗市内乘车，发现这个城市没有交通信号灯，没有停车标志，也没有限速标识。马路上确实画有交通标志线，但这些线条形同虚设，无人理睬。每个司机都在拼命地往前挪着，为抢到下一个绝佳位置而互不相让，因此三排道走成了四排车，时而拓展为五排。左边的车贴得很近，近到可以闻到车中的气味，两辆车的车门间只有一丁点儿距离。车窗开着，那辆车的音响震耳欲聋，我们好似正在吸着那个司机的香烟。

街道尘土飞扬，肮脏不堪：路面凹坑随处可见、抛锚车辆和减速快把城市的主干道演变成了回旋赛车道。埃及的车辆大多饱受这种接触性运动之苦。它们外表凹陷、刮痕累累，用透明胶带、电线、绳子和布条之类的东西加以固定。在埃及驾驶不能不说是一项战略性技术活儿，就像是在参加一项棋类比赛，必备技能包括快速躲闪以避免驶入凹坑，在茫茫车流中机智地溜进空当，或索性横冲直撞。

埃及司机的这种赖以游走城镇甚至穿行全国的能力，不仅是埃及人强大精神、坚韧意志的体现，也正是我们在全球新兴经济体、转型经济体中所见所闻的创业者精神的写照。

在数十个不同国家的工作经历和多年来乘坐美联航和美国航空环球的所见所闻，使我们发现了一个不争的事实：创业者是经济发展和经济多元化的内核和灵魂所在，同时也是全球工作岗位的主要创造者。创业者的作用宛如关键的结缔组织，在当下的全球经济背景下紧密地联结着不同的国家及其人民。政府可能垮台，产业可能崩溃，政治家的首要任务也会时而改弦更张。但是，创业者始终如一：他们不断地在高度不确定性的“刀尖上起舞”，在必要时改变自身以适应环境，并随时根据边界和市场的变化伺机而动。

然而，这些创业者何以成功？环境在催化创业者成功的过程中起到了至关重要的作用，否则从一个想法到成熟的商业模式，从默默无闻成长到举足轻重，或成功缔造点石成金的商业成就的过程，都将是异常艰难而复杂的。

硅谷的创业生态系统

凭借在美国及全球诸多不同地区工作的经历，我们强烈感受到并非所有组建公司的创业者都有幸处于有辅助作用的生态环境之中。这也是在本书中，我们希望为你解密的硅谷独特的创业生态系统，以及硅谷初创公司在捕捉市场机会、研发高新产品和盯紧全球商业机遇迅速发展壮大过程中所运用的商业实务。这样，我们可以淋漓尽致地为你展现适应性、风险、失败、不确定性、拓荒精神的内涵，充分展现这片热土上的商业兴衰图谱。本书将循序渐进地带你不断深入理解构筑充满生机的商业环境的商业实践，这些实践对任何地方的创业者和初创公司来说都将大有裨益。

如果你不能做到全球最优，请另谋他路。

——乔·肯尼迪（Jeo Kennedy），Pandora 公司[1]

[1] Pandora 是知名的互联网音乐服务提供商。——译者注

有来自全球的人造访硅谷，一些人只为在脸书公司门前留一次影，或在美名远播的谷歌餐厅吃一次饭，再或者是找个机会瞧一瞧500 Startups[⊖]的办公室。另外，一些人则信誓旦旦地想将自己的创业想法抛给沙丘路上的杰出风投专家，或是找机会跟思科首席执行官开个会。然而，对于睿智的创业者、经济发展机构和全球政策制定者来说，硅谷能提供的远不止这些：硅谷提供的是一探高效运转的生态系统之究竟的机遇，这个生态系统支持并培育着创业公司，放眼全球而无出其右。

> 硅谷的独特之处在于，在这个生态系统中，每个人都致力于相仿的事业。在这里探讨高科技的方方面面可谓近水楼台，获得兴趣相投者的帮衬也便成了家常便饭。
>
> ——戴维·李（David Lee），韩国SK电讯公司（SK Telecom）

其他区域想复制硅谷模式者云云，其手段包括举办几场创业挑战赛，组织项目路演，建立具有政府背景的风投基金，提供一些碎片化课程或召开专题研讨会，或组织一趟硅谷调研之旅，等等。但是，构筑创业生态远比运用这些手段复杂得多：整个系统涵盖不同的人、文

⊖ 一个创业投资孵化器及早期投资机构，2011年开始在中国投资。——译者注

化、理念、态度、洞见力，有时甚至还包括神话与传奇。生态系统趋于成熟并有效运转需要相当长的时间和极大的耐心。硅谷已经在全球范围内树立了标杆，领先其他区域数十年。

硅谷模式好比一套运算程序。

——马丁·皮切森（Martin Pichinson）

马丁·皮切森

马丁先生是一家知识产权中介公司的首席执行官，该公司兼为大型、小型公司提供专利授权方面的业务服务。同时，他还是舍伍德合伙公司（Sherwood Partners）的创始人和联合首席执行官。舍伍德合伙公司主要帮助创业失败的公司拍卖资产，在业内首屈一指。

“硅谷的运转模式宛如一套计算程序在运行。绝顶聪明的人才云集于此，这里的风投资金活跃、基础设施完善，到处澎湃着创造改变的热望。与此同时，一个由导师和其他各路精英组成的强大的支撑平台，携手硅谷人前行，无往而不胜。简言之，想创业成功，请来硅谷。

这里的要素一应俱全。一些人声称，‘我们要建立下一个硅谷’，可惜历史告诉我们，他们十有八九未能如愿。正如这世上还有第二个华尔街或第二个好莱坞吗？没有。有人欲辩：西雅图是培育初创企业的乐园，因为微软这种世界级的大公司在那里；或者像戴尔成就了得克萨斯州的奥斯汀城一样。但要知道，绝大部分的商业潮流和弄潮儿出自硅谷，这个事实有力地证实了硅谷独享一套严整的程序法则的论断。假若缺少有机合作，硅谷程序法则自然也玩不转。但事实是硅谷要素完备，各方形成协力，共创伟大之事。”

“硅谷的形成和好莱坞、华尔街一样，这些区域并非按照某个既定计划蓬勃兴起，它们都是浑然天成的，它们不断积累并完善成功所需的各项必要条件。举例来说，如果你在好莱坞拍电影，不巧摄像机坏了，立刻就能找到可提供所需机型的机构。硅谷也是如此。比如，一家公司的首席执行官辞职或被解雇，而这时董事会可以很快找到过渡期的首席执行官。很多年来，人们一直在嚷嚷着好莱坞要消失了，所凭理由是在其他地点拍电影要便宜得多。然而事实是，因为好莱坞的配套设施和相关工具一应俱全，人们依然继续在那里拍摄。硅谷亦如此。应该说很难在世界上其他地方复制硅谷。”

个中神秘和事实真相

电影、新闻媒体，当然还有创业者本身，这三者共同铸就了一个信条：硅谷是创立、发展壮大一家成功公司的不二之选。许多人坚信只有在硅谷才能成就他们的事业。硅谷被视为高科技初创公司的中心。一方能满足创设、发展公司所需的所有条件的宝地，这便是我们所称的“硅谷的神秘感”。

正因为这种神秘感，创业者们趋之若鹜地来到硅谷，希望打造他们的全球化公司，希冀改变世界，或是发家致富；还有一些人是为了筹集资本，寻找客户，或寻求合作。不胜枚举的大型公司成功范例进一步印证了硅谷传奇。苹果公司、eBay、谷歌、脸书、英特尔、思科、Saleforce.com、优步、爱彼迎、贝宝等，这些公司都已成为家喻户晓的品牌，为广大消费者和全球商业界人士所熟知。巧的是，这些公司要么在硅谷被发掘，要么在早期就迁移到硅谷。

任何怀揣梦想的人都会在硅谷梦想成真。

——凯文·巴鲁蒙德（Kayvan Baroumand），

SV101 创投公司

硅谷到底可靠到什么程度？让我们开始通过三种手

段来诠释这个问题：提供相关统计数据、陈述事实、展现硅谷环境。

- 如今，加州的风投基金管理着940亿美元的资金。
- 从全球范围看，硅谷公司在收购初创公司方面最为活跃：2014年，仅苹果公司、甲骨文、脸书、雅虎和谷歌几家公司就买下了共77家公司。
- 硅谷的私营公司市场估值一般是其他地区公司的2倍～10倍。
- 不计其数的顶尖的、智慧超群的、志向远大的人才来到这里创办公司或加入当地创业公司。成为一名硅谷创业者，被认为是一件很酷的事，这和找不到像样的工作，随便找点事做大不一样。
- 这是一个迸发全新理念，将其完善并逐步转化为可视商业成果的地方。一些实为绝妙的大好理念，人们乍一看感觉不可能，再一想不可行，再回头琢磨一下还是觉着不切实际，但在硅谷，创业者充满热情地拥抱这样的奇思妙想。
- 在硅谷有着这样一个精英群，这个群体由经验丰富、学识渊博的人才组成。这些精英有广博的商业及技术专长，并有能力将奇思妙想转化为切实可行的商业行为。

- 硅谷的投资者乐意在聪明的人和绝妙的想法上下赌注，甚至是在创业团队展示出能获得日益增长的市场青睐度很久之前。
- 在硅谷，投资者与客户联系是如此紧密（这通常被称作“聪明的资金”），他们确实经常性帮助创业团队。风投机构的客户愿意小试牛刀，购买创业公司的产品，反馈体验，并主动成为这家创业公司的参考用户。
- 各类活动、会议和社交网络提供了一个空前的可视化环境，确保当地的创业团队获得360°广角，纵览市场、竞争和客户潮流。
- 坐落在硅谷的大型公司数量众多、林林总总，这为当地创业公司接触一系列潜在合作机会以及未来的收购东家提供可能。
- 在这里构建全球化公司要比在任何其他地方容易得多。
- 当你苦于不能遇到对的人的时候，在这里你能碰到几乎任何你期望见面的伙伴。

硅谷为世界各地的创业公司设立了一个高标准。这激励着各地的创业者不断进步，向硅谷看齐。

——克里斯·希普利（Chris Shipley）

克里斯·希普利

克里斯·希普利有多重身份，她是记者，也是技术分析师，还是知名路演峰会DEMO的前总策划，她与世界各地的创业公司合作过。

“对于硅谷，人们有很多误解。外地人，甚至一些当地人，都认为硅谷是一个公司成长的沃土，但把硅谷看成资本驱动型区域更为贴切。波士顿企业家创造的开创性产品，可以为世界上的许多事物带来改变。他们建设的公司，将对世界产生影响。相比之下，如果你问一个典型的硅谷创业者在做什么，以及他为什么这么做？他会告诉你他在赚钱。硅谷关乎财富和财富创造，这是同波士顿、格但斯克或雅典的创业社区的迥异之处。”

“大多数外界人士对硅谷的另外一个误解是：大力宣传就会吸引全球知名人士的眼球，就能筹集到资金，就万事俱备了，就这么简单！实际上，持有这种观点的人没意识到竞争是多么的激烈。他们花了很多时间去参加活动、聚会和会议，却没有意识到，他们必须更脚踏实地。赶场子般的忙碌只不过是其中的一部分。”

“那么，从大局着眼，硅谷是否重要呢？从激励作用的角度来看，答案是肯定的。硅谷为世界各地的创业公司设立了一个高标杆。如果你在硅谷可以成功，那么你在任何地方都可以成功。不管这种说法是真是假，这种理念促使各地的创业者精进不休。”

当你初来乍到时，你会感到心存敬畏，这种感觉异常强烈，但是没过多久，你就适应了。你会对自己说：“他们很优秀，但他们和我差不多。”或者说，“我和他们也差不多”。这时你便可以真正开始你的游戏了。

——戴夫·麦克卢尔（Dave McClure），500 Startups

不实之微论

你会听到很多关于硅谷的事，结果被证实都不是真的。我们不想打击你到硅谷来参观或在硅谷成立公司的念头，但你确实应该对一些小误解做到心中有数。

- **硅谷是成立国际型高科技公司的唯一的地方。**在世界上其他地区，很多大型科技公司已经成功建立并发展得很好。比如，腾讯是一家大型的中国门户网站和游戏公司；另一家中国公司阿里巴巴是世界上最大的电子商务公司之一；Mercado Libre 则是拉丁美洲最大的电子商务公司之一。

- **所有出色的创新都来自硅谷。**聪明的企业家无处不在。根据我们的最新统计，与我们合作的创业者来自 50 多个国家，他们成功地经营着当地、某区域内或全球的业务。
- **我们冒险是因为虽败犹荣。**我们的确会去冒险，但并非热衷于失败。我们的眼睛紧盯着的是成功。如果你总是担心失败，那么将会限制获取成功的种种机会。
- **在硅谷，资金是源源不断的，吸引风投易如反掌。**虽然和其他地方相比，在硅谷筹集资本相对容易，但仍是困难的。因为投资者专注于投资最好的产品和最出色的团队，所以风险投资的竞争异常激烈。
- **在短短的几年内，你可以轻松地建立一家价值 10 亿美元级别的公司并出售！**要知道，大多数硅谷公司至少需要 4 年，更可能是 7 ～ 10 年方能达到收购节点或者 IPO（首次公开发行上市）。不过也有例外情形，但那是凤毛麟角。这是一个漫长而缓慢的过程。
- **每个人都在等待你的出场。**在硅谷的创业公司数以万计，每年还有数千名外地创业者造访硅谷。在这个快节奏的动态环境里，充满了竞争对手和交易流动，没有人会坐着等你的出现。在这里脱颖而出的公司是雄心勃勃的，是思虑周全的，是能把难事搞定的。

有一个误解是，以为你一出现，奇迹就会发生。事实上，梦想成真的故事，只有在事后看来才这般容易。

——克里斯·希普利，记者/科技分析师

- **一次秘密握手或礼仪社交，让你成为局内人，进而确保你的成功。**非也。有些公司是基于绝佳的运气和绝妙的时机而成功的，而其他人恰巧因为同样的原因失败。良好的人脉将为你的生意提供优势，但即便拥有优秀团队和一线投资者的公司也会失败，确实如此。
- **硅谷的空气或水中有特别的东西，附有神奇的仙女魔法。**这当然是假的，我们认为这个神话来自这样一个事实，硅谷已经完善了其成功培育初创公司的模式化流程，"摸着石头过河"，引进有经验的人才，将所有的关键资源集中起来。

只要创业者来到这里，他们要么参加会议，要么不参加。

——马克·怀特（Mark White）

马克·怀特

马克·怀特是硅谷 White Summers Caffee & James[1]（简称 WSCJ 律师事务所）的合伙人。

马克·怀特与数百名来自全球各地的国际创始人合作，来到硅谷寻找三种资源：客户、资本和关系。这些企业家很快就会了解他们的公司能否成功。

“作为一个企业家，你来到这里看看你了解的和你不了解的都有什么。你想知道你能否打败别人去上市；又或者，你是否正在做错误的事情；而你更害怕的是那些你未知的、无法掌控的事物。硅谷向前迈进的步伐大多是由恐惧催赶着的。”

“在硅谷，如果你有一个可行的冒险，你可以立刻知道结果。只要企业家来到这里，他们要么参加会议，要么不参加。当晚就会给你即时的反馈：你是疯了，还是正常的。硅谷为新商业理念、新业务模式和新产品提供了很好的平台。虽然信息永远无法完美，但硅谷绝对是最好的地方。”

---

[1] 为公司、企业家和投资者提供法律顾问和商业战略家的法律公司。——译者注

硅谷的神秘面纱吸引了来自世界各地的聪明人一探究竟，这些人已经成功创建了巨大的公司。因此，硅谷在许多方面都能够将预言自我实现。不过，我们不认为在硅谷成立公司是唯一的选择，许多成功的技术型大公司已经在其他地方开始建立并扩张。此外，我们看到业务生态系统在世界上其他地区的迅速变化：我们看到聪明睿智、奋发图强、足智多谋的企业家已经弄清楚如何在当地市场开展业务并筹集资金，我们也看到一批批创业者从过去的成功或失败中获得深刻的洞察力，我们看到在一批批创业者中谁会在下一轮中更有可能成功，我们还看到投资者更深入地了解公司的初创历程以及如何增值。

> 硅谷奉行平等主义、人才规则。
>
> ——塞尔丘克·阿特利（Selcuk Atli），
>
> 连续创业者

硅谷思维模式

硅谷有一套思维模式，引领规律性地创建全球规模的业务。虽然这种规律不是硬性的，但据我们的经验所知，大多数成功的硅谷公司或早或晚都会遵循这个规律。

那么，在这个规律背后，存在什么样的硅谷思维模式呢？它由以下四要素组成。

- 我们如何看待公司。
- 我们如何识别市场机会。
- 我们如何锁定最佳客户。
- 我们如何使小小公司发展成全球性公司。

如果你来到硅谷，你的商业谋划也将被这套标准所评估，和这里的其他创业者一样。至少初期是这样的。

在硅谷做事，同身边许许多多的优秀人才竞争，这会让你砥砺前行，百尺竿头，更进一步。

——戴夫·麦克卢尔，500 Startups

神秘感具有强大的吸引力，硅谷的神秘面纱是一个传奇。硅谷具备正确的要素、态度和资源，让创业者白手起家、创造辉煌成为可能。在接下来的章节中，我们解读了更多的硅谷元素，正是这些元素支持企业家们创建了国际公司。所以，请紧随我们阅读之后的章节内容，不要走开。

第 2 章

眼见为实的硅谷

土耳其籍连环创业者塞尔丘克·阿特利很清楚自己必须结合自身对硅谷进行准确定位。“任何一个来自硅谷的成功人士都会对你说：如果想要经济自由，就去纽约。如果想创建公司，就去硅谷。”

硅谷有此盛名，其传奇之处，在于硅谷的公司从白手起家到以数百万美元甚至数十亿美元的价格被售出，时间不过短短几年。

难道这就是硅谷运作的方式吗？你在这里也能赚到 10 亿美元吗？答案是肯定的，但不是每个人都能做到。大多数公司没能达到 10 亿美元的价值，或者如果它们能达到，很明显也并非在短短几年间就能做到的。但是确实有很多公司在硅谷是成功的，这种成功是以百万级、千万级甚至亿万级来衡量的。你的公司也可以成为其中之一，尽管这也许要花上5～7年的时间。在硅谷创建公司的性质跟去拉斯维加斯或者澳门的赌桌上度周末没有什么区别，都是赌博，而且成为大赢家的概率都是很低的。

我们在周游世界的时候经常被问到关于硅谷的问题。其中最常见的几个问题是：它在哪儿？它有没有围栏？谁负责经营？如果你从没去过硅谷，你就很难理解为何硅谷是独一无二的。但是只要你来到硅谷，就能发现其生态系统中有很多部分显而易见，并且值得学习借鉴。是什么让硅谷的功能如此完善？那就是因为它是由拥有大智慧的人和支持机构组成的生态系统。

> 尽管个人创业投资者并非一直都正确，但是硅谷作为一个整体，“对”远多于“错”。协作生态系统非常善于选择成功的新产品，而且其自身通过搜集世界各地出类拔萃的资源，不断进行自我更新。
>
> ——约翰·斯卡利（John Scull），Southern Cross合伙公司[1]

[1] 成立于2006年，是一家主要投资于早期阶段科技公司的风险投资机构。——译者注

让我们将这个生态系统解构，仔细看看它的结构。对它是爱，是恨，还是试图模仿——硅谷在过去的 50 多年里一直是创新的引擎。

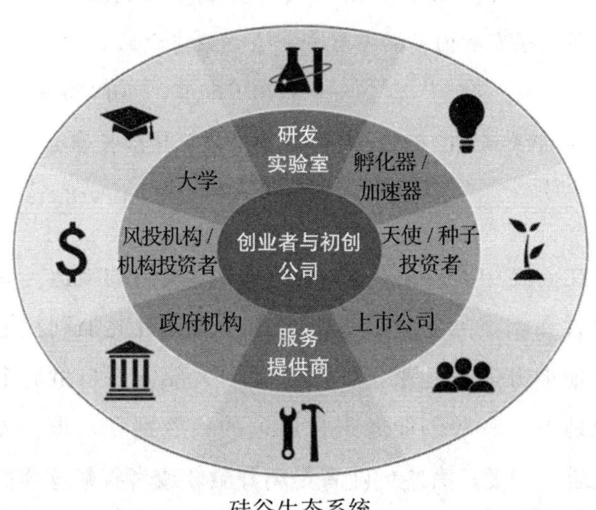

硅谷生态系统

创业者

一直以来，硅谷最重要的人就是创业者。尽管有一些创业公司的目的是赚几百万美元，但是更多的创业公司希望创造与众不同的产品。他们富有激情和创造力，以成功为驱动。他们聪明，有时愿意去冒那些在其他人看来是不理智的或者愚蠢的风险。但是如果没有这些创新者，又谈何创业呢？

> 我想要创造新事物，以我认可的方式影响世界。如果这意味着要创建公司，那么我就去创建公司。我不认为你为了拥有这种影响力，就必须成为一个创业者。因为我在其他领域毫无天分，所以摆在我面前的路就是一条创业者之路。
>
> ——菲尔·利宾（Phil Libin），
> 印象笔记（Evernote）与通用催化风险投资公司
> （General Catalyst Partners）

在硅谷中有很多的创业者，这是我们的幸运。有些创业者在帕洛阿尔托或者旧金山，又或者北加利福尼亚的其他地方成长起来了，但是他们大部分来自世界上的其他地方，有些创业者来自遥远的乌兹别克斯坦、爱沙尼亚或者印度；有些创业者是离开微软或者谷歌这样的大公司后开始自己创建公司的；有些创业者在创建公司之前在别人的创业公司中工作过一段时间，其中有成功的，也有不成功的；有些创业者仍保留日常工作，比如来自斯坦福医疗中心的创业者，他们用业余时间研发新事物（比如创新型医疗技术）。硅谷的创业者来自各个领域，他们大多数有技术、销售以及市场营销背景，平均年龄38岁，这显然比我们想象的年龄要大，而且大多数是男性。

> 伟大的创业者要有胆识、懂谦逊。
>
> ——乔·肯尼迪，Pandora 公司

优秀的创业者是聪明的、充满激情的，并且有点儿小疯狂。他们同样是自信的，几乎有点儿自负。他们可以被训练，但不会被迷惑。聪明的他们会与导师合作，以确保能够集思广益。但是执行董事的工作是做出决定并认可决定，毕竟，这是他们自己的公司。

不要贪婪。

——塞尔丘克·阿特利

塞尔丘克·阿特利

塞尔丘克·阿特利是SocialWire、Boostable和Nomadic Mentors三家公司的联合创始人，同时是500 Startups的驻留创业者。关于筹集资金，塞尔丘克·阿特利给出的建议是“不要贪婪”。“以较低的价格从好的投资人那里少量筹集资金要比从那些无法帮助你或你的公司的投资人那里大量高价筹集资金好。好的投资人能为你提供的价值远不止金钱。他们扎根于硅谷。虽然你仍然需要付出99%的努力，但是能够从优秀的、社会关系优越的投资人那里筹集到资金，就意味着你正在做的事情是重要的。没有那些人，我还能够参加那些会议，拥有那些雇主、客户和伙伴吗？也许仍然会有可能性，但如果你周围都是正确的人，那么你工作起来会轻松得多。

“新创公司面临的挑战，就是在你把东西拿出来摆在消费者面前之前，你很难知道他们想要的是什么。所以，你需要展示‘噱头雾件[1]’——可以吸引订单或者弄清楚消费者想要的究竟是什么。你能够引导客户坚信你在该产品生产领域有很深的基础，可以适度夸赞，但你不能说谎。这是检测 B2B 商品的常用方法。对于面向 B2C 的产品项目，不妨上传到脸书的页面上，尝试拿到信用卡订单。必要情况下，手动填写订单。在投入资金打造全功能版本产品之前，这么做是知道是否会有人需要你的产品的好方法。”

消费者

硅谷的特点之一是潜在消费者的高度聚集，无论大小、是否拥有高科技，范围都在 1 小时车程内。这样，创业公司就能够紧跟目标市场运作，从很多角度来看，这都是很重要的。首先，临近消费者，创业团队就可以

[1] 所谓雾件（vaporware)，是指在开发完成前就开始宣传的产品。它们可以是软件、硬件，甚至可以是一种服务或互联网行业的一种营销策略。该词时有贬义。——译者注

在市场中打磨理念，验证产品：产品是否适合消费者的环境？能否解决消费者的问题？其次，临近消费者能够帮助创业团队引领创新产品功能，调整产品路线。再次，临近消费者让创业公司有机会发展客户关系，引导消费者参考和反馈，这是创业公司寻求潜在消费者的重要方式。最后，在问题发生时，临近消费者有助于解决问题：创业公司能够快速定位不利于建立信任和消费者导向的点。

首批消费者的反馈通常有利于创业公司改进产品，但有些时候也证明一家创业公司的产品制造是完全失败的。在这样的案例中，创业公司通常会选择“战略转向”。“战略转向”是硅谷创新业界的流行术语，是指公司完全改变产品或者消费者群体，又或者两者都改变。Yelp[㊀]是B2C华丽转身的成功案例，它起初是一家约会经验评级网站，后来成功转型为餐饮、零售与服务领域的大众点评公司。

硅谷的企业消费者愿意冒险从创业公司购买最新的产品，前提是创业公司的创始人、管理团队或者投资人与企业客户相互熟识。这种人际关系可以解释为什么很多创业公司成功找到了早期客户并赢得了市场青睐。

㊀ 美国最大的点评网站之一。——译者注

> 在数码软件领域，产品的专业性至关重要。因为大量的信息在变化，所以越来越多的客户选择自己调研。因此，销售和市场正在从根本上发生改变。在过去，人们不得不去兜售产品；而如今，早期消费者能够接触到全部信息，并且自己做出决定。产品早期试水的客户群体会自主寻找新的事物，如果这是一个好的产品，他们就会愿意尝试。他们不希望被“销售”，而是自己调研并做采购决定。
>
> ——约翰·斯卡利，Southern Cross 合伙公司

政府

很多在海外工作的商业人士认为，在硅谷的背后一定有一个中心政府机构在提供支持。我们经常被问：谁负责硅谷的运转？谁负责维护？谁检查和调整硅谷运作的速度？这些问题接踵而至，因为世界上有太多的经济区域是由一个或者多个政府机构来计划、管理和协调的。

实际上，硅谷今日的生态系统从本质上来讲，受益于政府的放手。对很多光顾硅谷的人而言，这样说奇怪又难以理解。硅谷的区域发展是典型的商业引领型，而

非政府引导型。对于硅谷中众多的公司来说，它们技术发达、市场定位明确。所以，再小的政府机构存在其中，也与当地公司的发展相关甚少。

在早期的硅谷中，很多本地大公司和高校基础研究的经费来源是美国联邦政府。政府在军事和航空领域的采购合同订单，对硅谷早期的硬件系统、半导体芯片和其他硅基产品的发展起到了助力作用，助力硅谷名副其实。数不清的创业公司致力于将其目标性产品商业化和市场化。但是在今天，政府资金对硅谷创业公司的研究效力只起到了一小部分作用，比不上其他国家的政府在以大多数创业公司为主的目标区域内所起的作用。通过对比，硅谷的市场规律决定了商业化科技的种类有哪些，哪些公司能够拿到融资，哪些公司最终会成功或者失败。

虽然政府在国家层面覆盖了整个美国（而不仅仅是硅谷），但它确实发挥了推动创新的重要作用。具体来说，政府提供了一个法律体制，使创办一家新公司变得轻而易举。新创公司在几小时内就能成为合法实体；但使这家公司倒闭需要的时间可能更长，使其解体需要几周或几个月，但并非数年或数十年。此外，当公司倒闭时，创始人和投资者不必对公司债务承担财务责任。美国实施了一个强有力的侵权体系来强制执行合同，也有明确的法律条款来保护专利和其他知识产权。在联邦、州和地方各级政府，没有不正当的官僚要求，没有烦琐的许可申请步骤，也没有负担过重的税收或阻碍创业公司形成和发展的费用。

硅谷内的政府机构主要是其他国家建立的经济发展办公室，为那些在硅谷创业的本土公司提供着陆点。这份国家名单读起来就像联合国成员国的名单，有巴西、韩国、丹麦、挪威、德国、爱沙尼亚、加拿大、英国、墨西哥、北爱尔兰和波兰，这只是其中的一部分。

高等院校

如果创新、规划和发展方向不来自政府，那么一定来自硅谷的高等院校，包括斯坦福大学、加州大学伯克利分校、加州大学旧金山分校、圣何塞州立大学或其他的当地大学，没错吧？

确实，谢尔盖·布林和拉里·佩奇在创立谷歌时还是斯坦福大学的研究生；杨致远在斯坦福大学读书的时候就创立了雅虎。然而，谷歌和雅虎都与大学研究计划无关，这两个项目都是由研究生自己发起的。

斯坦福国际研究院（SRI International）的彼得·马可托里奥（Peter Marcotullio）于第二次世界大战后在斯

坦福大学的合同研究实验室工作。他解释说："斯坦福大学和大多数研究型大学都没有经过计划、自上而下地研究或开展商业化进程。它们拥有具备竞争力的学术文化，能够接触到世界级的投资者和创业者，并建立了从实验室到市场的过渡机制。成功的创业公司不一定是从市场调查中直接获得信息的。它们要确定并解决需求。斯坦福大学商学院提供了几个创业项目，鼓励商科学生与工科学生合作整合技术创新和市场创新。"

斯坦福大学专门开发的知识产权（IP）可以得到其技术办公室的许可，但并非所有斯坦福孵化的初创公司都是基于斯坦福形成知识产权的。学校的"点燃项目"及其创业研究中心都产生了许多创业的点子，比如多学科设计项目" d.school"。斯坦福大学还有一个名为 StartX 的学生创业孵化项目，为依附于斯坦福大学的创业者提供导师、办公空间，并帮助他们建立业务。

斯坦福大学和硅谷的其他大学共同营造了一个良好的环境，在这里，人们可以采用创新技术，开创新业务。此外，大学也吸引着许多聪慧的人，每学年都会有一批学生和教员从世界各地来到硅谷。许多人被这里的能源、生活方式、文化和天气所吸引，与此同时，他们还有机会在这个创业世界的中心创办自己的公司。

斯坦福大学

政府与企业研究实验室

晶体管、鼠标和近年来涌现的创新成果都可以归功于政府与企业研究实验室所做的工作。斯坦福国际研究院将各项核心创新技术发展成独立的公司并取得了最佳效果，其中一些公司已经非常成功了。在这些创新中，斯坦福国际研究院负责的项目包括语音识别公司 Nuance 的项目、iPhone 中的 Siri 项目，以及与斯坦福大学联合开发的一些先进的 CT 扫描技术项目，目前已获得通用电气公司和西门子的认可。斯坦福国际研究院研发的机器人导航技术已经得到了广泛授权，基于软件的图像稳定化技术已经授权给谷歌的安卓手机。其他从事尖端研究的实验室，包括帕洛阿尔托研究中心（PARC，施乐公司的附属公司）和利弗莫尔国家实验室

（Livermore National Laboratories），吸引了来自世界各地的顶尖技术人才。

在过去的五年里，天使社区的专业化程度令人耳目一新。

——安·温布莱德（Ann Winblad）

安·温布莱德

安·温布莱德是哈默－温布莱德风险投资公司（Hummer Winblad合伙公司）的联合创始人和首席执行官。该公司成立于1989年，是开拓型风险投资公司。她曾是开源公司（Open Source）的联合创始人和首席执行官，这家公司已于1984年以1500万美元的价格售出。

"我刚涉入风投行业的时候，并没有专门的天使网络。当时投资初创的人们是一些有闲钱的老年晚餐俱乐部的成员。在大多数情况下，他们的资金并没有增值。"

"现在这种情况已经发生了很大的改变。天使基金的成长让更多的资金注入公司。如今，天使投资者有很多，包括许多女性。Broadway Angels 是硅谷的一个集团，其中有许多企业家、技术主管和半退休的风险资本家，他们为女性创业者提供资金。”

“对天使投资者来说，标准的推销是关于产品的介绍，比如介绍一款智能狗盘。但这与你对风险投资人（简称风投人）讲述的是截然不同的。作为风险投资人，我们不能为智能狗盘提供资金。我们是要为宠物公司投资的。”

“如果你只想创建一个产品，可以考虑发起一场众筹活动。要做到这一点，你就必须学习如何制作一段不错的视频，并学会利用社交媒体。创业公司通过天使投资获得资金的例子有很多。Oculus[㊀]最初就是通过Kickstarter[㊁]网站平台进行融资的，后来在被脸书收购之前筹集了风险资本。但并非所有人都能在众筹活动中获得成功。你需要留意观众、过程和社会支持，以及你能‘回馈’什么。”

“如今，天使投资和种子投资正在成倍增长，因为那些从收益中取得成功并获得财富的人认为自己有义务进行再投资。在脸书收购 WhatsApp[㊂]后，一群来自 WhatsApp 的员工与我进行了会面。他们想知道在自己的新增财富中应该给其他创业者留下多少。他们觉得成就

㊀ 一家生产虚拟现实设备的公司，2014 年被脸书收购。——译者注
㊁ Kickstarter 是美国众筹平台。——译者注
㊂ 在智能手机之间用于通信的应用程序。——译者注

了一个伟大的时代是一份真正的礼物，他们想要帮助其他创业者向前发展。”

“《美国就业法案》允许公司从多人身上筹集资金，也可以在诸如Kickstarter和AgelList这样的平台上融资。在过去的五年里，天使社区的专业化程度令人耳目一新。”

“但风险投资业务本身并没有发生改变。尽管风险投资公司可以投资的公司质量得到了改善，但首轮融资的公司数量仍然相对较少。我们乐于见到公司获得天使投资。只要有一点点的天使资金，创业者就能向A轮投资者展示很多内容。虽然Hyperion由两个人在1995年通过一个幻灯片演示文稿被推出，甲骨文最终以大约30亿美元的价格将其收购，但当今的投资者可不会单凭两个创业者和他们的一个幻灯片演示就做出重大决定。”

投资者

在硅谷中，投资者发挥着重要作用。他们投资了数以千计的知名公司，其中包括谷歌、脸书和优步。

投资者分为三类。也许最知名的一类是那些传统风险投资公司，如红杉资本（Sequoia Capital）、Benchmark Capital、凯鹏华盈（Kleiner Perkins Caufield Byers）和安德森·霍洛维茨基金（Andreessen Horowitz）。这些公司的风投人都是全职投资者，他们管理的基金包括退休金、捐赠基金和高净值人群的投资资金。他们通常将投资集中在某些特定技术领域内，或公司发展的某些特定阶段内。

> 金钱买到的就是你的时间。
>
> ——戴维·李，韩国 SK 电讯公司

第二类是天使投资人，他们投资的是自己的钱。通常，他们处于一个具有结构化筛选和评估交易方法的群体中，但投资的决策是由个人决定。在通常情况下，天使投资人投资的是符合他们个人的投资标准和兴趣领域的早期公司。许多硅谷的风险投资人和天使投资人（如果不是大多数）都曾在初创公司担任高级管理职位，或者已经创办了一家或多家公司。

位于山景城的谷歌校园

还有一些企业投资者出于战略原因进行投资，他们通常是为了及早发现新兴技术和初创公司。有时，他们会根据兴趣进行选择性收购。过去 10 年，企业风险资本有大幅增长。2015 年，在大约 30% 的创业融资中会有一个或多个企业投资者。

对创业公司来说，投资者提供的资金固然很重要，但他们提供的建议和人脉更具价值，其建议通常主要集中在招聘、排错、与客户打交道和应对市场挑战上。规模较大的风险投资公司中通常会有团队为创业者在招聘、运营、社交媒体和行销努力方面提供帮助。有时，风投人会把创业者介绍给运营大型上市公司的高级管理人员——也是他们过去曾经投资过的人。这些引荐可以给创业者带来客户、合作伙伴甚至是被收购的机会。

众筹

在硅谷中，众筹很重要，但它所取得的效果远不及天使投资、种子投资或风险投资。包括 Kickstarter 和 Indiegogo[1]在内的大多数众筹平台上投资的都是产品而非

[1] Indiegogo 是一个网络筹款平台，创业者组织发起项目，在社交媒体等其他渠道宣传，感兴趣的人可以通过 Indiegogo 为项目投资。另外，Indiegogo 支持多种货币支付，创业者可以让捐助者选择合适的货币。——译者注

公司。在通常情况下，筹集到的资金代表着对该产品的预购。虽然平台之间存在着差异，但最大的问题是比如 Kickstarter 要求参与的公司需在美国注册，而其他平台，如 Indiegogo，则不需要。

Kickstarter 应该是众筹平台中最知名的一个，它举办了超过 25 万次的活动，其中约 1/3 是成功的。Kickstarter 上最成功的是在音乐和视频领域中的投资项目，其他知名活动包括 Pebble 智能手表筹集到了 1000 多万美元，Coolest Cooler 筹集到了 1300 多万美元。

目前，创业者可以在几个平台上筹集资金，同时通过股权众筹实现业务增长。在这种融资类型中，公司股票是以现金形式出售的。这些平台包括 Fundable 和 AngelList，后者只适用于符合规定条件的投资者。美国政府近期通过了一项法规，旨在减轻小企业的监管负担，并将个人的股权众筹合法化。

对有硬件产品的初创公司来说，众筹尤其可以作为一种验证市场的方法，从而使公司达到能够获得一轮风投的标准。Fitbit 成功采用了该策略，该公司已于 2015 年上市，估值超过 40 亿美元。

通过众源平台来筹集资金所需的技能不同于构建产品或创办大型公司。许多成功的众筹活动利用社交媒体进行宣传，并将其项目推广到众筹网站上。在某些情况下，众筹活动已经十分成功了，而初创公司却难以兑现承诺的产品交付时间表。Pebble、Galileo 和 Oculus Rift 等许多公司都发生过这种情况。尽管如此，对于那些想要筹集资金、建立消费者意识的创业者来说，众筹还是一个颇具吸引力的选择。

CB Insights㊀报道称，投资于硬件初创公司的风险资本已达 3.21 亿美元，这些初创公司此前曾通过 Kickstarter 和 Indiegogo 进行众筹。在这些公司中，9.5% 的公司继续进行风险资本融资。值得注意的是，CB Insights 认为，在众筹活动中筹得的资金数量与后来从风险投资人那里获得融资没有任何关系。

专业服务

硅谷拥有世界上规模最大、业务最发达的专业服务网络之一。专业服务唾手可得，包括法律、税务、会计、薪酬、公关、产品测试、市场营销等，而且收费对于创业公司来说非常划算。在初创阶段，没有必要雇用一个全职的簿记员、会计或财务总监。硅谷几乎能够提供每

㊀ 一家风险投资数据公司，会定期发布如按需经济之类的经济发展趋势以及独角兽公司的名单，经常被大大小小的科技媒体引用。——译者注

一项服务。包括普华永道、毕马威、安永和德勤在内的各大国际会计师事务所都在专门的业务领域中致力于与初创公司合作。

对于创业公司来说，律师是非常宝贵的资源，他们能够提供法律服务和宝贵的商业建议。更重要的是，许多律师会在创业公司有钱支付法律服务费用之前帮助它们。事实上，这些律师成了种子投资者，他们把一部分酬劳推迟到创业公司筹集到外部资金之后。然而现实情况是，多数律师是有选择地在服务，他们只会接受那些他们认为有很大成功机会的客户。有句谚语是这样说的："雇用你负担不起的最好的律师，因为将来你能负担得起。"

> 硅谷有着错综复杂的全球资源。我相信公司应该从这里开始国际扩张。它们可以由此进入世界上的任何市场，因为所有的联系都在这里。
>
> ——凯文·巴鲁蒙德，SV101 创投公司

律师在将创业者、潜在团队成员和投资者联系在一起的过程中也发挥着重要作用，他们经常在法律事务所举办活动，将客户和生态系统中的其他参与者聚集起来。硅谷中的许多公司是伴随着科技行业一起成长的，如威尔逊律师事务所（Wilson Sonsini）、欧华律师事务所（DLA Piper）、博钦律师事务所（Perkins Coie）、WSCJ 律

师事务所和泛伟律师事务所（Fenwick & West），这些公司在代表创业公司与风险投资人进行金融交易方面有着丰富的经验。

几年前，一家知名研究公司请我们帮助推动佛罗里达州的创业增长。在几个月的时间里，我们见到了很多当地律师，他们中的大多数人会递给我们名片并提供法律服务。有一天，我们被引荐给一位律师，他在位于亚特兰大的一家专业硅谷律师事务所工作。这位律师递给我们他的名片，并提出为我们介绍美国东南部地区的投资者、创业者和其他人。他十分清楚牵线搭桥是自己工作中必不可少的一部分。当时机成熟时，他就是我们所说的那个“对的人”。

虽然在其他地方大多数律师并不会这样做，但在硅谷是司空见惯的事。

金融机构

硅谷创业生态系统中还有一系列的金融机构提供服务与支持，银行致力于为初创公司和更成熟的风险投资人参投创业公司提供服务，比如硅谷银行（Silicon Valley Bank）和 Bridge Bank；风险租赁公司提供设备租赁；风险债务公司则专门为初创公司提供贷款。这些金融机构的独特之处，在于它们愿意为那些资产负债表和利润表无法达到传统银行所定标准的公司提供服务。在硅谷中，银行关注的是首席执行官的业绩记录、初创公司的商业潜力以及该项目的风险投资人素质，这些都是银行在决策过程中需要考虑的部分。所有主要的投资银行均在硅谷设点，或支持那些想要上市的公司，或为那些希望收购初创公司的大型公司提供并购业务服务。

孵化器、加速器和共享空间

硅谷有数以百计的孵化器、加速器和共享创客空间。有些孵化器和加速器专注于细分领域，比如数字产品、硬件、可穿戴设备、教育技术等；而另外一些孵化机构在行业划分上则更宽泛。尽管相关术语经常可以互换使用，但孵化器通常意味着为处于早期初创阶段公司提供服务；加速器则致力于帮助公司获得市场吸引力，生产出更好的产品，打造良好的市场契合度。知名的孵化器，比如 TechStars、Y Combinator[1]和 500 Startups，遴选项目时都有着很严苛的要求。

[1] 成立于 2005 年，是美国著名创业孵化器，Y Combinator 扶持初创公司并为其提供创业指南。截至 2012 年 7 月，共孵化 380 家创业公司，这些公司累计获得投资额超过 10 亿美元，估值已达 100 亿美元，其中云储存服务提供商 Dropbox 融资 2.57 亿美元，房屋短期租赁网站爱彼迎融资 1.2 亿美元。——译者注

并非所有孵化器都是一般模样。

——安迪·曹（Andy Tsao），硅谷银行

安迪·曹

安迪·曹是硅谷银行的董事总经理，带领“国际之窗”业务团队，该业务线致力于辅助来自新兴市场的创新公司在美国及全球拓展业务。

“所有的硅谷孵化器都要求创业者提供大约同等数量的股权，”安迪·曹（Andy Tsao）评论说，“但这并不意味着所有的孵化器都是一般模样。有几家公司一直都做得很好，比如 Y Combinator 和 TechStars。”安迪·曹认为，如果能够进入 Y Combinator，那么将公司迁址至硅谷所产生的花费就是值得的。他还听同事说，对于创业者来说，进入 500 Startups 学习比在商学院就读更有价值。“对于那些相互毗邻、共同学习、精诚合作的创业者来说，这些都是实实在在的好处。从另外一种角度来说，仅仅是为了进入一家硅谷孵化器而折腾一番意义不大，可能还不如在当地选一家孵化机构好。”

各家共享创客空间，如 Galvanize、RocketSpace 等，没有统一的标准模式。它们提供共享办公空间，按小时、天或月计算租金，但一般缺少亲力亲为的创业辅导者。有些共享创客空间内也设有孵化器或加速器。GSVlabs[㊀] 就是其中一例，但其内部运营着多个专注于行业垂直领域的加速器。

许多孵化器和加速器能够提供与顾问和导师团队结识的机会，这些专业人士能够提供建议和指导；而一些专业孵化器则能够提供在行业深度垂直领域内颇有建树的导师。高度定制化的培训项目也很常见，时间从几周到几个月不等。许多孵化器和加速器还为创业者提供少量资金，通常以过桥贷款的形式提供，这些贷款在项目后期通常会转化为股权。知名的孵化器和加速器，尤其是那些有着成功案例的孵化器，为在孵公司提供了良好的机会，让它们可以在平时或是“体验日”与天使投资人和风险投资人充分接触。由于孵化器、加速器和共享创客空间在选择项目的内容和长度上差别很大，所以创业者要确保孵化机构所提供的服务与自己的需求是否可以完美契合。

㊀ 是一个创新园区，它致力于推动具备高速孵化力和影响力的企业在育智科技、可持续性、大数据和移动性方面的发展。——译者注

随着时间的推移，加速器的价值减弱了。越来越多的人在利用加速器。他们正在活跃于不同的孵化机构之中，目的只是赚钱。

——戴维·李，韩国SK电讯公司

对于大多数创业团队来说，加入一个创业者社区远比单枪匹马地完成一系列工作更有吸引力。这一系列工作包括：确定办公场地，寻找导师，将其他必要的资源整合在一起。创业社区的成员相互支持、相互学习，我们认为这是非常有价值的收获。我们相信，孵化机构的重要价值体现在使创业者对硅谷如何运转的真谛有所了解。这种价值超越了人脉、资本和培训本身，而这个优势就是我们所说的硅谷视角。许多公司想要在硅谷走走看看的主要原因之一就是想获得这个视角。

孵化器和加速器有什么秘诀吗？也许有。在一家知名孵化器或加速器里毕业将有助于公司融资和获得市场吸引力。众所周知，聪明的创业者再加上外脑的有力支持，其成功的概率会更大。

加速器的目标与投资者的目标大不相同，但两者都希望最终能获得某种投资回报。

——戴维·李

戴维·李

戴维·李是韩国SK电讯公司的合资股东，也是Kstartup的联合创始人。Kstartup是一家位于韩国首尔的早期加速器公司。他还是Y Combinator和硅谷天使投资（Silicon Valley Angels）的有限合伙人。

“有些人（加入加速器）希望获得指导，他们知道自己并非什么都懂；还有一些人只是想赚钱，他们钻营于这个体系的漏洞中，只在召开会议时和工作时间露面。这都没关系，如果这样可以经营出大公司，就算他有‘真本事’。但是，运营加速器的管理者想要的是那些期待接受教育、想要参与进来的创业者。导师们希望面对具有良好心智的创业者，因为这类学员有指导意义。思维开阔的创业者会从这些好导师身上受益良多。”

导师、教练和顾问

硅谷中有一类人经常对创业者进行指导并给出建议，其中一部分人来自加速器和孵化器；而另一部分人，包括硅谷公司的高管，如果他们对某个创业项目感兴趣，也常常会为创业团队提供指导帮助。有些天使投资人也是导师，这些导师都能够提供巨大的价值和广阔的视野，因为他们与许多创业公司合作过。他们会带来经验、客观看法，常常还会带来人脉和宝贵的行业洞见。

导师、教练和顾问的区别是什么？导师提供整体的商业建议和指导，而且可能会帮助你完成特定的任务，如完成市场验证，协助制作演示文稿或融资演讲稿。在通常情况下，导师会参与到短期项目中。

教练在特定的任务中训练创业者，或为创业者提供一套特定的技能训练，如路演训练。

顾问则意味着更为正式、更加长期的关系。许多公司内部设有顾问委员会，可能是业务顾问、技术顾问，也可能是以客户为中心的顾问。

顾问通常会获得股票期权。导师可能是有偿服务，也可能是无偿服务。教练通常提供有偿服务从而获得报酬。

创业者在选择导师时的大忌之一就是从导师的行业经验而非自身亟须的帮助和建议出发。有时候，创业者会选择那些给了他们想要的安慰的导师，而不是听取他们原本真正需要的实际坦率的意见和建议。比如，我们发现许多早期公司正确地识别了市场机会，却错过了早期目标客户。此外，它们总是不知道如何去发现、审核和验证它们的市场机会。了解创业过程的导师，欠缺深度的专业知识并无大碍。对创业公司来说，这样的导师往往比那些拥有专业知识但不能理解初创公司所面临挑战的人更有价值，

为创业公司匹配导师就像安排婚姻一样。

——维基·福里斯特（Viki Forrest）

维基·福里斯特

维基·福里斯特是ANZA的首席执行官。ANZA是一个帮助澳大利亚公司进入美国市场或筹集资金的组织。

“为创业公司匹配导师就像安排婚姻一样。年轻的创业者们渴望得到指导，却不知道自己需要什么。在匹配得当的情况下，创业者和导师会迅速建立起信任，因为他们知道彼此是合适的。”

“怎样才能让导师制度发挥效力？学员必须是‘孺子

可教’的料子。彼此的性格也必须合得来，如果双方个性强烈，则很容易产生矛盾。”

“导师的角色不是去做销售副总裁，而是为经验尚少的创业首席执行官提供意见和建议。导师也不一定非要带来专业技术或联系人名单，虽然他的人脉网络也是非常重要的。”

在寻找导师的过程中，我们鼓励创业者去寻找有以下两种特质的伯乐：一是对问题给出直接反馈且不会发表长篇大论的专家，二是可以帮助他们发现自身可能错过关键内容的专家。

大公司

硅谷最保密的事情之一就是有显著业绩的大公司的数量。这不仅仅意指科技公司，硅谷也是大型食品生产商、汽车制造商和许多消费品公司的大本营。

这些大公司有多重身份，它们可能是客户、合作伙伴、投资者或初创公司的收购者，或者四种身份均有。比如，英特尔保留着传统的风投基金；西门子有一个外部创新团队，致力于与有发展前景的初创公司建立合作关系，初创公司可以通过西门子的商业网络验证其价值主张，从而建立市场合作伙伴关系并建立其他商业合同。

其他公司中也有为新技术研发做支撑的创新中心，另有一些公司在传统的风投基金中充当有限合伙人角色。然而，大公司扮演的最为重要的角色之一是风投资金参投的创业公司的收购者。苹果公司、思科、脸书、谷歌、微软和 IBM 都是收购方，由于大多数由风险投资人支持的公司没有上市或无法上市，所以它们在硅谷的生态系统中扮演着非常重要的角色。

气候

湾区的气候极好（除了旧金山的夏天有些冷之外），人们可以待在户外，在咖啡馆里或户外就餐区会面。虽然这似乎只是一个小小的因素，但它为硅谷重要的非正式社交互动做出了卓越贡献，并为硅谷增添了活力与激情。

机场

硅谷的三个大型国际机场提供的直航目的地并没有那么多，但旧金山机场、圣何塞机场和奥克兰机场让世界各地的人们能够轻松地到达硅谷，且拥有最少的转机航班。同样，住在湾区的人们也可以很容易地到达地球上的其他很多地方。尽管有人认为硅谷是一个自给自足的商业区域，但事实并非如此。许多公司都有分布在全球各地的工程师团队、客户支持团队、生产基地和客户群体。

> 硅谷位于欧洲和亚洲之间，毗邻拉丁美洲，因此在硅谷开展商业可以轻松联结世界。
>
> ——马克·怀特，WSCJ 律师事务所

以上列出的所有人物和组织都是硅谷生态系统中重要且可见的部分，它们使得硅谷独一无二，但它们只是其中的一部分。只能通过亲历硅谷才能了解的内容以及表象下的硅谷，对深入了解硅谷运转模式同样重要。

硅谷鸟瞰图

第 3 章

你必须亲历的硅谷

在第 2 章中，我们将硅谷的诸多重要元素展现在读者面前，特别在描述当地的人与机构上着重笔墨，对于一般游客来说会觉得宛在目前。但是这些只是硅谷促成其独特性质的部分原因。硅谷之所以大放异彩还取决于另外一些更为本质的、**体验性**的因素。

在此列举一些我们认为你在硅谷中不容错过的经历与体验。

选定合适的合作者

每个地方的创业者都会面临一项颇具挑战的任务，即在创业初期选定“合适的”人并建立联系，其中包括：团队成员、导师与顾问，还有投资者和客户。寻找合适的人有两种方式。第一种是主动的、循序渐进的方式，即通过你的人脉网探索出一条结识目标人士的途径。第二种方式，我们亲切地称之为**随机、愉悦的偶遇或机缘巧合**。下面我们来分别了解一下这两种方式。

先讲一讲通过**循序渐进法**来选定正确合作者的一般过程。首先要建立一个有关于你想要结识的个人和公司类型的档案。哪些人能够帮助你实现目标？他们的行业领域是什么，所处的公司规模有多大？此外，对目标人选要深思熟虑，确认他们是否在所处组织中处于恰当的级别中。有的人在组织中级别过高，可能对你亟待解决的具体问题了解和接触有限，因而帮助性不大；而有的人职位尚低，可能对自身所处组织的各种合作需求不是十分清楚。在整个过程中，你最初拟定的“合适”人选可能会随着对目标类型和相关趋势的确定而发生改变。

> 对于从其他地方来的人来说，进入硅谷社交网络的门槛出奇地低。
>
> ——戴夫·麦克卢尔（Dave McClure），500 Startups

一旦选定了想要结识的人物类型，就应该着手寻求结识他们的途径了。为此，你要深入挖掘自己的人脉圈（导师、顾问、创业者伙伴、律师等），请求他们帮助你结识符合设定条件的特定人物。辨别一个人是否适合你设定的条件是一种能力，这种确认目标类型的能力将有力推进事情的进展。

一旦成功获得会面机会，你该做的就是确认本公司与所见之人是否确实匹配，并且要启发对方对你所表达的思路做出反馈。你还会希望获得接下来继续同另外哪些人进行会面的建议。理想情况是此人承诺将通过电子邮件为你介绍下一组联系人。

以下内容是在会面时应牢记的几则要点：

- 在会见预约过程中，既要表现礼貌，又要有锲而不舍的精神。记住，准时赴约和坚持到底是给人留下积极印象的关键。
- 注重寻求对方的建议和反馈，而不是急于求成（确实有迹象表明合作一拍即合的情况另当别论）。
- 少说多听。
- 开放式提问。
- 时刻准备回答问题，主动回应对方所表达出来的关切。不要总是处于“防御”状态中。
- 请求对方介绍其他可能对自己有帮助的人。
- 向正在与你会面的人询问你能做些什么来为他提供支持与帮助。

久而久之，这个方法将帮助你建立一个由经验丰富人士组成的精选人脉圈，这些人对你寻找员工、客户、投资者及合作伙伴大有裨益。

根据我们的经验，很多创业者并未完全理解这个方法，也没认识到身处硅谷并**亲身经历**这个过程的重要性。我们曾与一位来自亚洲的创业者打交道，他对身在美国到底哪类人是自己公司的目标客户一无所知。他能想到的最好的方法就是与IBM或普华永道建立合作，并让它们为自己想办法。但类似的大公司并没有帮助创业者寻找并确定初始目标市场的业务。当然，这些大公司也没有兴趣去赚这类创业者的钱，而且此类业务不是它们的强项。具有讽刺意味的是，情急之下，这位创业者选定了一家小型连锁中餐馆，并认为这家餐馆会是一个不错的启动期试点客户。很不幸，他所提供的产品远远超过餐馆所需要的特色与功能，对方可能永远也用不上。如果他肯在硅谷花些时间去找到合适的人，让他们给出建议并听取他们的意见，那么他一定能省很大的气力。寻找合适之人的第一步就是确定与自己相匹配的组织规模与类型。

第二种方法是通过**随机、愉悦的偶遇**的方式结识正确的人。因其包含偶然性和运气，所以我们称之为**机缘巧合**。采用这种方法，你要参加目标人群可能会出席的活动，或出席有机会结交到合适的人、公司或资源的场合。

乍听起来有些不可思议，但结果证明这确实是一种结交人脉的好途径。我们接触过很多受益于此法的创业者，他们在拜访硅谷期间通过这种方式结识了目标人群。究其原因，硅谷是高科技人才高度集中的区域，大多数人有极其广泛和兼收并蓄的人脉圈。这种碰运气的结交方式没有固定模式可循，但接下来由巴拉兹·法拉格（Balazs Farago）和法比奥·桑蒂尼（Fabio Santini）所讲的故事会告诉你，他们是如何通过这种方式获得成功的。

幸运就是在对的时间身处对的地点。

——巴拉兹·法拉格

巴拉兹·法拉格

巴拉兹·法拉格是Real5D[㊀]的首席执行官。该公司是一个交互式三维动画软件平台，将房地产三维模型转变为互动体验式空间。

“2012年5月，公司面临资金短缺困境。我知道筹

㊀ Real5D房产虚拟内部装修软件应用是一款专门为房产商服务的虚拟内部装饰软件，商家可以在云端构建自己的建筑模型，同时用户也可以在云端自由浏览建筑物的构造。——译者注

集资本时间有限，在此关头赴硅谷成功融资方可力挽狂澜。当我来到硅谷时，我只认识律师马克·怀特，除此之外再无他人。我们团队敲开一扇又一扇门，向投资者力荐，彼此交换了许多名片，但仍不敢保证能获得融资。我们在酒吧、大堂、宾馆、星巴克等场所中与投资者会面。在我停留的第十天，也就是接近拜访尾声的时候，我在位于门洛帕克市沙丘路的瑰丽酒店中遇见了一名来自Double Rock基金的投资者。他当时正在与别人聊天，看到我在笔记本电脑上使用Real5D产品，便与我攀谈起来。当天的闲聊在几日后升级为一次正式会议，会上我们成功达成了协议。想想看，(这次谈判成功的）幸运之处就是时间、地点都对。”

“之后，我找到马克·怀特，他答应做我们公司在硅谷的业务律师。我解释说，由于我一周之后要返回匈牙利，因此在此之前我们必须完成融资。马克很快与投资方律师共同拟定了法律文书。他们对相关‘规定动作’了如指掌。让我印象尤为深刻的是每个人都十分专业，而且所有的法律架构，包括合同相关条款和条件都被逐步落实。我发现自己处在一个由一群经验十分丰富的专业人士所组成的商业生态系统中。所有的事情都能在这里搞定，无须重复劳动。这真是一段极好的经历。”

竟然能在最意想不到的地方与商业伙伴建立

联系，这真是太不可思议了。

——法比奥·桑蒂尼

法比奥·桑蒂尼

法比奥·桑蒂尼是Neteye[一]的创始人兼首席执行官。Neteye的总部位于巴西，是一家提供工作管理软件的创业公司。

法比奥·桑蒂尼经常在早晨到山景城一家名叫Dharma的手工咖啡厅里办公。“我喜欢这里，很安静，而且咖啡香醇、好喝。”他总是这样说。2015年6月，兼职咖啡调配师埃德（Ed）正在柜台后面给Dharma咖啡的店主帮忙。在帮桑蒂尼下单点咖啡时，他听到了桑蒂尼与会面者之间的谈话，会面者是桑蒂尼通过创始人沙龙平台约见的。埃德便问桑蒂尼是否想见见他在威睿（VMWare）[二]的前任老板，此人或许会对Neteye感兴趣。当天，埃德通过邮件介绍了双方。第二天，桑蒂尼便与埃德推荐的联系人一起在Dharma喝起了咖啡。

在接下来的日子里，双方又见了一面，这次埃德推

[一] 一个小巧的，功能强大的网络浏览器，除了具有一般浏览器所具备的功能外，还会特意考虑用户们的需要。——译者注

[二] 从电脑桌面到数据中心虚拟化解决方案的领导厂商。——译者注

荐的联系人还带来了另外一位供职于英特尔的投资人。两人都很喜欢桑蒂尼的产品，对他的公司也非常感兴趣。在会面结束前，桑蒂尼问他们想以何种方式参与进来。他们建议说以董事会成员或顾问的身份为桑蒂尼介绍投资者。他们讨论了桑蒂尼如何在美国成立公司，如何将知识产权转移到美国的新公司中，还谈论了对公司进行投资的可能性。原计划一个小时的会面持续了很长时间。

桑蒂尼评论说："他们虽然没有明确说出来，但我相信投资资金是他们自己的。我现在期待的是与他们保持联络。这是我在硅谷的三个月里最棒的一次会面。要是换作在巴西或其他地方，发生这一切的概率可能要小很多。"

我们无法保证出现在瑰丽酒店或 Dharma 就一定能成功地找到合适的人或获得融资，但我们能向你保证的是，身在硅谷，不论你是通过人脉圈还是**凭运气偶遇**，与合适的人碰面的机会远比在其他地方要大得多。

磨炼你的社交技巧

举办各类社交活动是硅谷的特点之一。几乎在每一个工作日，你都会发现有创业者与其他商业生态系统中的重要人物碰面的活动。活动议程可能包括演讲、小组座谈会或创业项目路演。组织者通常还会考虑在活动中留出让参与者彼此建立联系的时间。一些活动是“没有特定内容”的，换言之，与会者聚在一起仅仅是为了开展社交。

在这里，人们真心愿意彼此帮助。

——莱娜·斯杰斯勒弗·舒尔茨（Lene Sjorslev Schulze），42 Associates

参加社交活动有助于与外界保持联系，这样你才能够被他人关注，并与之产生关联。在参加社交活动时，我们会与熟识的人聊天，获取他们目前从事的项目及参与活动的近况。那些人通常会带来新的人脉，因为继上次见面后，他们又结交了新的朋友。

除由SVForum、Silicon Vikings和BayBrazil组织的色彩纷呈的聚会、约会活动以外，还有汇集了成千上万人的大型会议或社区，比如TechCrunch[一]、创业磨坊（Startup Grind）[二]、DEMO、TiE、AlwaysOn、Launch和DreamForce等。尽管专注于同一领域或市场的初创公司间存在竞争是必然的，但这并不妨碍同业者在这些聚会中共筑友谊。人们时常会分享相关信息、观点及消费勘查数据等。

[一] 一个科技媒体产业，致力于描述新兴公司，评论最新的互联网产品，报道科技新闻。——译者注

[二] 一个全球性的科技创业社区，由谷歌供能，致力于帮助企业家们相互学习、相互启发和交换资源，旨在在全球各地创造硅谷式的创业社区。——译者注

参加社交活动并不是为了收集一大堆名片，而是要建立商业联系，加强信任。想要建立联系，你需要充分了解这个人，确定他与你在背景、对外界的关注点和人际关系上的共同之处。要加强信任，你首先要开诚布公地介绍自己，同时注意举止礼貌、专业、得体。一次成功的社交活动是以这样的假设为基础的：当将来有人拜访你时，你也能做出同等的回应，包括向对方提供你自己的人脉。

> 虽然人们都说天下没有免费的午餐，但在这里，整个生态系统都是共享和联结的。
>
> ——法比奥·桑蒂尼，Neteye

虽然硅谷中的人们乐于彼此结交，但冒昧地通过随机请求与人建立联系通常不会奏效。由双方共同熟识的中间人热情引荐会比通过领英发出生硬的请求要有成效得多。

在请求他人代表自己做介绍之前必须完成几个关键步骤，描述清楚你公司的业务、请求见面的原因以及他人与你见面可能获得哪些利益——将这些信息整理好并传达给中间人。

一旦你开始扩大人脉圈，维护起来就是需要时间和精力的。事实证明，领英**是一个保持联系的好平台**。你可以定期对联系人更新的日志发表评论，更新自己项目的进展，确认生日日期，转发文章或有价值的链接，以及与你在社交活动中结识的人在线保持联系。你还可以在领英上更新照片或修改头像及职位来保持关注度和相关性。如果你是领英高级会员，还可以看到哪些人浏览过你的档案并与他们取得联系。

如果你的人脉圈都在一个地方，那么你很难离开。因为没有了这座桥梁，你将无用武之地。

——戴维·李，韩国 SK 电讯公司

为了不断扩大人脉圈，你可能还想每 6 ～ 12 个月联系已经相熟的朋友，倾听他们关于你应当结识新朋友的资源与建议。当然，你可能也想提供一些对他们有益的人脉资源。经过一段时间，你会发现你人脉圈里的有些人比其他人更有价值；积极培养和保持这些人脉并定期给予回报是至关重要的。

硅谷人员密集，人脉圈会有重叠。因此，最好不要公开诋毁任何人，因为你所诋毁之人可能恰好是交谈者的好朋友。

不要低估那些具有丰富人脉关系的硅谷人。

——苏珊·卢卡斯·康威尔（Susan Lucas-Conwell），Innovation Catalyst

识别有意义的业务联系并建立良好的业务关系是硅谷成功创业者的核心特征之一。创业者集中度高、人员流动性大以及互惠互利思想深入人心，这些都是硅谷形成联结紧密的人脉网的原因。然而，同样重要的是要意识到硅谷人的时间都异常宝贵。有时需要几经尝试才能得到他们的注意。所以，要保持礼貌，但也要懂得坚持。

利用好创业路演大赛和体验日活动

硅谷会举办许多创业路演大赛。路演活动由各种各样的组织赞助，从信誉良好的公司到一些大集团，它们主要通过向发言者或参赛者收取费用获利。各个比赛中的评委水平不一，与之类似的，活动参赛者的专业水平同样良莠不齐。有些大赛会设置现金奖励。

硅谷中的大多数创业孵化器和加速器会在各自的项目接近尾声时主办一场体验日活动。它们想借此吸引质量更高的参与者，因此这些活动通常只能凭请柬入场。

无论是身处硅谷的精英，还是在硅谷外的创业佼佼者，大多数人把参加创业路演大赛作为获得关注和融资的**唯一**途径。这样的竞赛确实能够提升关注度：面向 50 位**关键**人物做演讲，分量和效果不亚于向数百名观众宣讲。然而，即便如此，也要清楚路演大赛通常只是融资“长征”中的第一步。当你进行路演时，你就拓宽了潜在投资者的范围。路演活动唯一的弊端就是评判一家公司更多的是基于**演讲本身的质量**而非**投资机会的含金量**。

山景城的红岩咖啡厅

遵循一种模式并不能让你成为莎士比亚。

——克里斯·叶（Chris Yeh），PBWorks 公司[1]

克里斯·叶

克里斯·叶是一位天使投资人，也是 PBWorks 公司的市场营销副总裁。

“路演大赛已经在某种程度上成了一种艺术。但不幸的是，它已经成了一场考验人们对这门艺术的形式惯例

[1] 面向社群的自由开放的协作式写作、交流平台，提供免费的基础功能和需要付费的高级功能，包括免费 / 高级托管工作区服务且允许协作编辑网页和档案。——译者注

掌握程度的测试。例如，在 Y Combinator（著名创业孵化器）的路演大赛中，参赛者习惯采用以下套路：‘我们来谈论一下玛丽。玛丽遇到一个问题……而这正是我们的切入点。’一些发言者死盯住这种套路，却未能阐述自己公司的独特性和特殊性。要知道，遵循一种模式并不能让你成为莎士比亚。”

“观众席间的投资者会考量：这是今天最出色的演讲者吗？或者会问：这是值得我投资的最佳选择吗？在很多情况下，投资者也会稀里糊涂地将两者混淆。”

叶先生提到了一家他参与投资的名叫 TrackR 的公司。这家公司很棒，由一群工程师经营管理，年收益数百万美元，但在融资上遇到了麻烦。这是因为创始人中没有一个人善于做演讲展示。

“很多人认为在硅谷融资是一件轻而易举的事情。然而，只有在融资成功后才称得上简单。实际上，对于那些还未融到资的人们来说，这是非常艰难的一件事。通常情况下，在硅谷成功融资不仅仅意味着说服投资者做出理性决策，你的穿衣打扮、说话方式以及如何展现一位成功创业者的特质等方面也都占有一定分量。如果你表现出了自大、不虚心或脾气暴躁等性格缺陷，投资者将直接放弃对你公司的投资。当然在某些情况下，一个特立独行、不拘小节的演讲者也可能会颠覆常规，虽然貌似不该那么做。”

“硅谷中存在一种刻板印象，就像HBO电视网里所展示的那样。有人大腹便便，有人胡须凌乱、举止古怪，还有人长着亚洲面孔。不论如何，投资者执着于弄清楚哪些人是他们值得却没有花足够的时间与之促膝长谈的交流对象，并一直乐此不疲。”

位于帕洛阿尔托的Coupa餐馆

成功的路演活动与失败的路演活动的区别……

——苏珊·卢卡斯·康威尔

苏珊·卢卡斯·康威尔

苏珊·卢卡斯·康威尔是SVForum的前任首席执行官，现在在一家大型创新加速器中担任创业导师。

“成功的路演活动与失败的路演活动的区别在哪里？这完全取决于组织者和观众的素质，以及他们对比赛结果的领悟。SVForum每个季度都会组织投资者论坛，有10～12家公司向60～80位天使投资人或风投人进行路演。SVForum堪称路演活动范例之一。还有许多由知名组织举办的其他论坛活动，举办方中不乏一些大学。在那些活动中脱颖而出是创业者获得成功的标志。”

“一场失败的路演活动呢？糟糕的路演活动通常是由服务提供商或其他营利性组织举办的。这些组织者的驱动力是吸引客户或赚钱，而并不是要让你的公司获得融资。哪些人会出席这样的活动呢？学生、其他服务提供商和应聘者，他们中有许多人是对活动举办地慕名而来的，如脸书、谷歌、Salesforce.com和推特等。还有哪些人会参加？那些以项目源数量而非质量作为衡量标准的风险基金初级合伙人，其他参与者还包括伪风险投资人和伪天使投资人（也就是那些没有资金进行投资的人）。当下，失业的高管、暂未成功的创业者和在其他领域中未取得成功的各路人士都愿意把自己重塑成天使投资人。事实上，他们非但不投资，还经常浪费创业者的时间。”

“那么，这类活动有任何意义吗？答案竟然是肯定的。虽然评委可能是二流的，获胜者也确实得不到什么，但这些活动能够提供一个实践的场所，或者让参与者看看其他人表现如何，而且这种活动能让创业者有机会了解硅谷的文化，当然还包括硅谷的人脉圈。这里也是一个分析竞争力的绝佳地点。但是要想融资，这些活动可能帮不到你。”

“除了参加路演活动，还可以通过其他方式获得资金。有一类创业项目，其产品或服务符合市场上现有公司的分销渠道或客户群体的需求。对这类初创项目而言，该公司分管投资的部门是一个不错的筹集资金的来源。威瑞森（Verizon）、法国电信（Orange）等都设有投资无线领域初创项目的专用基金。一般来说，在企业投资者与这些初创项目商谈之前，初创项目团队应该具备两个条件：成型的产品以及用户对产品的反馈或验证。”

如何进行有效路演的最佳学习方法就是观察其他人的路演并分析他们应该做何改进。你要形成自己的演讲风格，并不断演练，直到完全掌握。当你得到反馈意见后，必须不断加以完善。

有很多书籍、研讨会和培训活动详细讨论如何进行路演，但下面所列举的要点是我们认为好的演讲能够脱颖而出的关键。

- **讲一个故事**。这是陈述你的业务最有力的方式。
- **最简法则**。你的演讲要让观众（包括你的妈妈）很容易听懂。如果你的业务很难表述清楚，那么就需要采取一种不同的方式进行阐述。
- **保持简短**。最好用较少的幻灯片配以简单的设计和短小精悍的文本。在附录 B 中为你附上了一个 10 页幻灯片演讲大纲，仅供参考。你的演讲需要根据公司具体情况和听众特点进行特别设计。
- **确定演讲目的**。通常情况下，你要先做一个简短的介绍来确定你的公司与投资者之间是否契合。如果投资者有意向，他会请你再做一个深入细致的演讲。大部分创业者会准备两个演讲版本，一个精简版，一个详细版。
- **了解观众**。确保你知晓自己要面向谁演讲，并了解他们的背景。

- **注意时间分配**。3 分钟演讲与 20 分钟演讲在内容上应有所区别。我们经常看到一些创业者尝试把本该用 20 分钟演讲的内容塞进 3 分钟的演讲中。效果可想而知。
- **关注业务**。除非从严格意义上说只进行产品展示，否则演讲内容的 80% 要集中在业务上，留 20% 讲技术和产品即可。
- **不要读幻灯片**。应预先演练，将要讲的内容烂熟于心。
- **要表现得自信且可信任**。你的举手投足及对提问的反应对于潜在客户和投资者对你建立信任来说至关重要。要与他们保持眼神交流。演讲时切忌走来走去。
- **欢迎提问**。回答问题是整个演讲的一部分。应提供简短的答案，如有必要，可略长一些。
- **掌控问答环节**。学会在观众抛出的问题和你想给出的回答之间做好衔接和过渡。
- **不要处于防御状态**。虚心听取批评并提出针对对方关心的问题的解决方案。
- **充满正能量**。从正面角度介绍公司，但是不要误导，不可说谎。

关于路演的讨论太多太多，你可能会误以为路演已经取代英式足球、棒球或足球成为最受观众欢迎的运动，但事实并非如此。了解路演的内容和方式固然重要，但相比较而言，实施自身想法的热情和能力对于创建一家成功的公司更为重要。

下面是我们在看了成千上万个创业者的路演后，根据观察到的最常见的失误所编辑的列表。

- **幻灯片主题页缺失或内容不完整。**幻灯片主题页要包含公司名称、演讲者姓名与职务、主要联系方式，最好配上一句恰如其分的宣传口号。
- **未阐述演讲目的。**要确保阐述了演讲原因以及你想从观众那里获得什么。这部分应口头完成，而不需要一张单独的幻灯片。
- **未说明公司业务。**用一两句话口头介绍公司业务及客户群。
- **幻灯片与口头演讲不符。**确保幻灯片和你所讲述故事的一致性，同时也要确保幻灯片与路演目的是一致的。当然，我们还看到过很多难以辨认的幻灯片，有的是字号太小、字体颜色很难看清，有的是幻灯片文字或细节过多。
- **对于创业项目初期的目标客户群体定位不清。**严密地阐述项目初期的目标客户群，做出包括行业、地理位置、公司规模的具体说明。细化，细化，再细化。

- **关于团队介绍的幻灯片内容繁简程度不得当**。在这一点上，我们见过太多失败的例子，有的过于繁杂，有的过于简单。我们更欣赏团队成员的职务及其前任雇主和公司标识都一目了然的介绍。
- **未能清楚表达项目所能解决的痛点问题**。阐述项目拟解决问题的经济成本至关重要。为什么这个问题必须解决？为哪类人群服务？
- **内容缺失或模糊的价值主张**。要清晰、简洁地阐述项目带来的解决方案的价值所在。
- **商务模式阐述不清**。要清晰阐述项目营收和商业模式（例如，每一位典型客户的营业额）。
- **竞争力分析不足或缺失**。不要试图用表格的形式罗列项目特点和优点，不建议使用对勾符号，也不建议用四象限法做优劣势分析。取而代之的是要找到一个对抗市场竞争的独特定位并加以阐释。
- **不完整的市场推广计划**。通常，我们很遗憾没能看到演讲者阐述如何锁定客户，进而产生营收的相关细节。其实，这正是建立业务最核心的内容与方式。
- **市场调研不足**。不要显示出对行业、目标市场、竞争对手或商业实务缺乏了解。一定要做足功课。
- **演讲没有针对性**。对在场观众及其目的缺乏了解会使得观众认为演讲与自身关联性不大，无法提起兴致。

位于门洛帕克市的 Borrone 咖啡厅

胜出提供的是即时认可，但你要知道如何利用它。

——齐亚·优素福（Zia Yusuf）

齐亚·优素福

齐亚·优素福是波士顿咨询公司（BCG）的合伙人兼总经理，也是风投注资公司 Streetline 的前首席执行官。

在齐亚·优素福加入 Streetline 的两个月后，公司在 IBM 全球智能训练营的比赛中获胜。一夜之间，Streetline 崭露头角，获得了 IBM 的广泛宣传和支持。“这件事为我们提供了持续的认可。”优素福评论道，“但你要知道如何在营销和公共关系中发挥它的杠杆作用，否则将很快无疾而终”。

优素福描述了与 IBM 合作为公司带来的巨大利益。“风投集团的很多人通过合作和提供杠杆来引导 Streetline。他们帮助公司进行市场营销、发展客户并增强技术，还邀请我们参加活动和会议，让我们有机会在 IBM 顶尖合作伙伴面前介绍公司。IBM 着实在市场推广方面给予了我们很大的帮助与支持。”

“但是要利用 IBM 的销售力量去销售 Streetline 的产品是非常严格的。最大的障碍是激励体系不完善。在销售团队推销的产品中，Streetline 的产品较其他产品来说平均销售价格低，销售代表的年度配额只有 300 万～500 万美元，让他们花时间推销 Streetline 的产品十分困难。随着时间的推移，智慧城市的倡议在 IBM 内部消退，员工或离开或退休，而 Streetline 的产品很难引起新员工的注意。”

参与咖啡文化

在加州旧金山湾区有许多街角咖啡店，在这里你能看到创业者与投资人、潜在雇员、律师和提供其他服务的专业人士讨论公司情况。在硅谷中，这些会面经常出现在特定的知名咖啡馆里，Borrone 咖啡馆、Dharma 咖啡馆、Coupa 咖啡馆、红岩咖啡馆和许多当地的 Peet's 和 Philz 咖啡馆。因为这种方式在世界各地的其他商业地区并不常见，所以有时候我们会问为什么多数会面，尤其是初次会面，会在这些咖啡馆里呢？以下是我们所了解的答案。

> 去山景城的红岩咖啡馆，听周围人的谈话。人们正在进行路演，不断介绍自己的产品和合作关系。这很神奇。
>
> ——法比奥·桑蒂尼，Neteye

在咖啡馆里会面是非正式的，而不拘泥于礼节正是硅谷的特点。顺便一提，身着三件套西装在咖啡馆里会面将使你成为**局外人**；而牛仔裤和运动衫能帮助你更好地融入其中。

尽管众所周知，咖啡馆里环境嘈杂且拥挤，但在咖啡馆里会面比在办公室里见面能提供更多的私人空间。

在咖啡馆里与人会面并不是因为有很重要的事情，但是将局外人带入办公室，选择话题就要慎重了。另外，可能会有人听到你们的部分讨论。

在咖啡馆里会面的时间可以是短短的 20 分钟，也可以长达 1 小时，这取决于桌旁之人的兴趣所在。当一个想法很有趣时，他停留的时间会长一些。如果不感兴趣，他可能很容易就会借机离开，因为这里既没有什么食物需要长时间等待，也没有整顿大餐的必要。有趣的是，在咖啡馆会面中“感兴趣”是在传达一个对“再次见面”和“持续跟进到底”的较低期望。

最后，咖啡馆不像办公室或会议室，它是一个中间区，每个人在这里看起来和表现出来的都是“平等的”(尽管我们知道事实并非如此)。

在办公室或会议室里见面，一面白板、安静的讨论和更多的时间都是非常必要的。

在最初的会面结束后，可以约定下一次会面的安排：喝咖啡、吃午餐、喝酒、共进晚餐、邀请参加体育活动等。每一种安排都代表着各方之间程度不同的兴趣。

会面通常安排在上午 8:00 至下午 6:00。但当兴趣高涨时，人们经常会约在早餐时或晚上见面。除非双方的关系很重要，或者有一个很好的理由，比如日程安排发生冲突，否则人们很少会见面吃饭。午餐会议更具代表性，就像下班后小酌一杯一样。邀请参加体育活动不那么常见。

在硅谷中，无论是在汽车上、大街上、咖啡馆里，还是在家里，到处都有人在做生意，而且经常会发生跨时区交易。

拥抱不断发生的变化

硅谷中有一些体系可以让事情持续发展、不断变化，并以意想不到的方式发展。我们不能确切地告诉你它们为什么会产生作用，但它们确实有效。这些体系在以合适的速度运行着，不是很快，但会导致生态系统中的参与者迷失方向；也不是很慢，以至于让事情变得无聊。

但是，伴随着这种自由开放而来的还有自然循环中的繁荣与萧条。那些在这里生活了几十年的硅谷人经历过美好的时光，也遭受过糟糕的境遇，有时资金过剩，有时资金不足。“资产流动或变现”的窗户永远敞开，这是硅谷中的一个术语，指的是将你的公司出售或完成上市，继而完成创业使命。与任何运转良好的引擎一样，事情有时进展顺利，有时也会脱离掌控。对于那些经常拜访或住在硅谷的人来说，习惯这种过山车般的体验是非常重要的一课。自然循环周期是客观存在的，而且会无限循环下去。

> 人们正在不断改变着硅谷。我们将砥砺前行，做得更好，而且这一过程会创造出大量的活力。
>
> ——马克·怀特，WSCJ律师事务所

昨天的热点，今天已被悄然冷落。当下投资者感兴趣的事物很可能会发生变化。清洁能源、风能、新型电池项目曾在硅谷风行一时，接下来引领风潮的是应用程序、B2B和企业级商用软件，再后来SaaS的概念被放大了，继而，可穿戴技术吸引了人们的眼球。以上热点的更迭大约在两年内发生一轮。如果你想在硅谷中成就商业梦想就必须跟上节奏、阔步前行。如果不巧你中途离开并在半年后归来，你保准将遇见一个不同以往的硅谷。商业想法、兴趣以及人们热议的话题统统推陈出新了。

我们拥抱并庆祝这种持续的变化。然而更重要的是，我们期盼这种变化。总会有新公司、新伙伴和新想法让这方热土商机盎然。

亲身体验硅谷和认真观察硅谷同等重要。当然，你可以身在异地评论抑或欣赏硅谷，但只有置身硅谷并参与进来方可掘取价值、赢得前景。所以，快来吧！成为这个社区的一分子，参与到各种活动中来，出席创业路演大赛，亲身体验硅谷的一切。参与进来能够使你作为创业者更加名副其实。

第 4 章

硅谷的隐秘之处

与其他地方一样，硅谷有着独特的历史、文化和行事风格，所有这些都影响着公司在这里的经营方式。我们来举几个例子。在硅谷中，有一种开拓进取但略显叛逆的精神。在这样的文化背景下，请求原谅很容易被接受，甚至往往比请求许可更受欢迎。这里有一种开放思维，即鼓励合作与分享；但除非有特殊要求，否则人们不太愿意在反馈意见时表现出近乎苛刻的诚实。这里还有一种观念是每个人都会基于你的外在表现进行判断，尽管你应该知道人们肯定会对可能共事或想要投资的人进行背景调查——而调查的过程你可能永远也不会知道。

了解硅谷的文化与规范对你在硅谷中获得成功

大有裨益。在本章中，我们将讨论一些帮助创建和确定商业生态系统的不太明显的细节，我们称之为硅谷的隐秘之处，并将其作为你融入硅谷的起点。硅谷欢迎一学就会的人。

核心价值观

硅谷鼓励人们保持乐观，也希望大家野心勃勃。但是有一点，一个离奇的想法或是一个不着边际的商业计划，其可行性将会受到质疑。大胆的创意和好的题材可以让你走得更远。不要低估实际构建产品、完成销售与扩大业务规模的价值。在硅谷中，这些结果都很重要。

> 跟一个澳大利亚人谈论关于你的创业公司在全球发展的雄心壮志，他会告诉你无法达成心愿的上百个理由；而与一个美国人，最好是来自硅谷的美国人谈论同样的事情，他会找到上百种方法来帮助你实现愿望。
>
> ——维基·福里斯特，ANZA 技术网络公司（ANZA Technology Network）

我们也会经常讨论“传递关爱”的问题，在生活中我们也确实在这么做。但是，当有人未能互惠互利，或者我们推荐共事的人让我们遭受尴尬，门就会毫无理由地砰的一声关上。

从表面上看，硅谷给人的感觉是不拘小节、人人平等，这种印象通常是在媒体上展示的，因为很多公司的员工穿着休闲，办公室也都是开放式的。然而，现实不是这样的。事实上，有等级之分。虽然管理层可能会寻求意见，但决策还是由高层管理者做出的。当一家公司即将被出售时，分配股票期权或收益的决策是由公司最高层做出的，而且分配不会是平均的。

最后，尽管有观点认为，包括硅谷人在内的加州人比美国其他地区的人更容易被解雇，但事实上，这里的商人们奉行拼命工作、开心游玩的信条在创业圈中深入人心。

> 在这里，你能感受到那种雄心和那种紧迫感。这是在硅谷之外很难找到的。我在这儿的时候，会感觉事情都是实时发生的，就像我从推特上而非邮件中获取消息一样。你正身处其中并切身体验着。
>
> ——德里克·安德森（Derek Anderson），创业磨坊

行为举止

如果你很亲切并讨人喜欢，这里的人们通常会更愿

意原谅你的失礼。相反，如果你并非风度翩翩，又不讨喜，那么不管你做什么事都可能不会成功。

几年前，我们遇到过一位傲慢、不听劝且自身有优越感的企业家。除却这些，可以说他是个好人！他在美国得克萨斯州奥斯汀音乐节（SXSW）上获得了一项大奖，就认为无论业务是否可行，这一成就足以让他筹集到资金。但他发现做任何事情都很困难，因为与他接触的人跟我们一样，反应都很消极。与在世界上其他地方一样，在硅谷中，讨人喜欢是大有裨益的。

在硅谷中，时间是一种宝贵的商品。因此，不浪费别人的时间是很重要的。召开会议时要有明确的商业目标，并直达目的。由于硅谷的组织错综复杂，因此要知道决策过程也会很复杂。大公司的首席执行官很少参与到运营层面的审查和决策之中。诚然，你的产品很酷，但你不太可能会和谷歌的拉里·佩奇讨论这个产品。要明白，找到真正做决定的人需要时间。

> 在这里，你要准时开始，按时结束。在巴西，我们有时会花两三个小时交谈，却没有什么进展。有时单单是打破僵局就要耗费半个小时。
>
> ——法比奥·桑蒂尼，Neteye

知道如何在商务会议中进行互动也很重要。傲慢的、太过随意的行为是行不通的，粗俗的玩笑或TMI（信息量太大）也不会奏效。我们需要的是专业、真诚和热情。会后发送一封简短的跟进电子邮件，感谢与会人员拨冗参会，在这里是一种常态。

沟通风格

在硅谷中，沟通方式是直接、简短而且中肯的。见微知著，比如如何快速回复邮件（正常是在24小时之内），以及如何回答问题（先回答问题，然后做一个简短的解释，而不是提出问题，当然答案读起来不应超过两分钟）。发送长篇幅的电子邮件和太过频繁地发送电子邮件都不好。当然，还是应该花点儿时间拼写收件人姓名并确保你的语法是正确通顺的。

通常情况下，作为一个创业者，你并没有完整的信息或答案以便采取行动或做出决策。缺乏信息，你就会产生一种不想回应与该问题相关的电子邮件或电话的倾向，而高明的处理方法是回复发件人："我暂时还不知道答案，但应该会在X周内获得一个答案。"这比直接忽略对方继续发来的第二、第三或第四封电子邮件要好得多。

在世界上的一些地区中，企业家在第三次或第四次会议之前不会向潜在投资者展示公司的财务状况。在硅谷中，尽管简短，但所有信息都将在最初的会议中被公布出来。应避免提供过多的细节。分享那些与主题无关的信息会分散听众的注意力，损害你的信誉。

有时外来的创业者会因为专业术语而犯错。例如，澳大利亚人需要在他们的词汇中禁止“scheme”[1]这个单词，尤其是在与“business”搭配使用时，因为在美国说“a scheme”是不合法的。说到“营业收入”，我们常用“revenue”，而非“turnover”。当使用数字时，我们在每三个数字之间加一个逗号，而不是句号。因此，“四千”应写作“4,000”，句号只用于间隔美元价格数字个位以下的部分。

媒体经常把硅谷描绘成一个常常使用行业流行语的地方。当然，有些硅谷人使用术语十分频繁，但我们大多数人在生活和工作中尽量避免使用被滥用的流行词，因为它们具有宽泛性。将你的公司描述为“为某个群体提供云服务的移动社交媒体平台”，这种说法可能是准确的，但其他人不能真正理解你要做的是什么，因为符合这一宽泛描述的可能有数百家公司。要弄清楚你是否使用了宽泛的流行语，一个很好的测试就是撰写电梯演讲，用几句简短的句子描述你所解决的问题和你可能接触到

[1] scheme 兼有商业计划和阴谋之意。——译者注

的客户，并在你的祖母身上进行测试。如果她能够理解，那么你已经清楚地知道自己在做什么了。

竞业禁止合同

美国的许多大公司会要求员工签署竞业禁止合同，这样当员工辞职时，就不能将商业秘密、客户联系清单或公司战略知识带给竞争对手。包括马萨诸塞州在内的几个州尊重竞业禁止协议，但这些协议在加州几乎是不能执行的。许多人认为这种情况会增加就业岗位的流动性并为初创公司创造良好的环境。事实上，许多风险投资公司已经指出，这就是马萨诸塞州的企业家如此之少的原因所在，这导致他们离开了大中型的雇主，开始创立自己的公司。

总部位于加州的思科就是一个很好的例子。数十名昔日的思科员工创办了与这家网络巨头直接或间接竞争的公司；而思科直接投资了一些非竞争性初创公司，后来直接全部收购了这些公司。

对终身雇用制不感兴趣

硅谷的员工很少期待或想被终身雇用。事实上，大多数员工认为，体验不同类型的工作是一种获得宝贵经验、增加人脉并找到下一项挑战的途径。雇主们则将应聘者拥有多家公司工作经验视为一种理想条件。

还有一个好处，由于很少有人希望一辈子只待在一家公司里，所以求职者并不认为加入一家创业公司比接受一份惠普之类公司的工作会承担更多风险。要知道，惠普曾被评为能够提供长期、稳定工作的杰出雇主。

地理限制

我们常常把硅谷看作一个既“大”又“小”的地方。它的边界是旧金山、圣何塞、东湾和太平洋，它所在的旧金山湾区是美国排名第五的大都会区，拥有700多万人口。旧金山湾区被无数的桥梁分成不同的部分。与中半岛、帕洛阿尔托和圣何塞地区一样，旧金山市有自己的创业社区。东湾和伯克利也有自己的社区。物理屏障和由此造成的交通拥堵有效地将企业家集中在一些相对较小的地理区域内。

如何获得以上种种知识？这需要花费时间。有时，这些知识会帮助你找到一个在硅谷中生活和工作的顾问，甚至可以找一位在这里工作、生活多年的夏尔巴人来帮助你。最后，如何学习并不重要，重要的是获得这些知识，而且是快速地获得。

第 5 章

硅谷思维模式

在本章中，我们将带你系统地了解**硅谷思维模式**，也就是该地区考量、评估、发展商业的一套独特的方式。但在此之前，回顾一下截至目前我们在这次硅谷探秘之旅中的所见所闻是必要的。在前四章中，我们探讨了硅谷的重要性，包括在硅谷中看到的、体验经历的，以及隐藏在硅谷表象里的内容。我们希望这些核心的基础内容对你了解并欣赏硅谷有所帮助。

本书的下半部分将重点带你系统地剖析在硅谷中应该**怎么做**，怎样一步步成功建立公司。相信如果旅行时有一位“本地通”为你解释你的所见所闻，并提供相关社会背景，这样的旅途经历将会是绝妙的。我们不仅会告诉你硅谷**是什么**，而且还将教给你硅谷的**行事方法**。通过这样的方式，我们能让你像本地知情人一样思考和行动。这些深入的见地能帮助你在硅谷更好地开展社交活动，并成为一个更为高效的交际者，最终纵横硅谷，获取更大的成功。

没错，硅谷是一片有形的物理地域；同样真实的是，硅谷也意味着一套开展商业的模式和一系列最佳的商业实务模式。更重要的是，这里采用一种独特的角度和严格的方法来评估、建立、发展公司。这就是我们所谓的**硅谷思维模式**。

一般来说，硅谷创业生态系统中的参与者们观察、评价初创公司的方式非常相似。硅谷的做事方式同时注重深思熟虑和战略布局。大多数在这里启动的业务都经过系统规划并按部就班地开展。经验告诉我们，虽然有一些公司起初不遵循这种方法，但它们迟早要这样做。这与硅谷以外的其他地方形成对比，在其他一些地方建立商业，其在本质上机会主义色彩会更浓。

> 硅谷的人们，包括创业者、投资者、银行家和律师，在这里谈论业务时都说同一种语言。创业者是我们共同的参照系。
>
> ——莱娜·斯杰斯勒弗·舒尔茨，42 Associates

理解硅谷思维

硅谷思维由四个关键部分构成。

硅谷视角。硅谷视角就是对特定的公司、团队、市场机会和商业模式进行360°评估。这种做法由创业者、未来的员工、客户、合作伙伴和风险投资人共享。每个组成部分都专注于公司的某个特定方面，例如，创业者着眼于愿景和紧迫性；客户和合作伙伴主张价值评估；投资者则专注于市场机会和团队执行能力。总体来说，每个人都明白所有这些因素均有助于创立一家高增长的全球化公司。价值创造的最终目标是在适当的时机将公司变成实实在在的现金。对于硅谷公司来说，筹谋退出方式与其设法进入硅谷同等重要。这是商业计划中不可或缺的一部分，也是风险投资人的绝对要求。如果你无法获得流动资金，那么创业和融资均无意义。

必须指出的是，有少数公司（这个公司群体的数量在不断增长）的创建宗旨是提升社会福利，或者追求盈利目标及社会目标双重价值。对这类公司来说，创业者和投资者的目标会有所不同，创造经济利润并非总体目标。但总体而言，硅谷对以下两类公司并不感兴趣：一类是小型、增长缓慢、本地定位或区域型的公司；另一类是“家庭作坊风格”的公司，其盈利的目的仅仅是惠及公司所有者或将该公司传承给其他家庭成员。

确认“问题/解决方案”。我们见过太多来自世界各地的只关注打造产品而不关注解决特定市场或客户问题的创业者。但在硅谷中，我们优先对待问题与解决方案而非产品和市场契合度。

处理“问题/解决方案”首先要确认好问题，并确保在当下市场条件下客户愿意为解决方案买单。解决方案必须为客户提供一个明确的、极具吸引力的经济价值。它必须高效并拥有良好的用户体验，且明显区别于其他解决方案。最终，产品必须建立行业壁垒，以防止其他竞争者进入。

精明的创业者应当在打造产品或推出服务之前处理好“问题/解决方案”的问题。这是他们在决定“产品/市场契合度”之前必须花时间做的功课。

位于圣何塞的思科公司

这里没有瑞士军刀。

——约翰·斯卡利

约翰·斯卡利

约翰·斯卡利是Southern Cross合伙公司的风险投资人。

“硅谷不同于那种由经纪人进行早期筹资而不考虑所需投资者类型的其他市场。在硅谷中，投资者希望公司首席执行官能直接与他们取得联系，同时希望该公司在自身项目与投资者专长及投资偏好匹配度方面提前做足功课。”

“美国市场与其他地方的市场还有其他不同之处。在更小型的市场中，你必须像‘瑞士军刀’一样。也就是说，由于总体市场不够大，你必须跟进多个相关市场。而在美国，公司往往只专注于定位一个市场的一类产品。如今，每个人在推出一般版本产品之前都会先发布一个测试版本。因此，新产品首秀总是以预先“软”推广的模式呈现。”

“如果你在一个竞争不激烈的市场中犯了错，也还是有可能幸存的。但在硅谷中，犯错的代价很大。因此，你需要完美地执行。许多失败是由于产品过早或过晚地进入市场造成的。过早要比过晚好一些，这样你可以很大程度地避免‘烧钱’。如果发现早期用户没有多少，那么你只需要耐心等待即可。”

产品 / 市场契合度。为你的产品或服务找到最适合的市场是整个过程中最困难的一部分。初创公司很少能在与客户互动之前就对产品 / 市场进行匹配。从很多方面来说，创业就是一个试验的过程，直到管理团队发现哪些方面是奏效的。许多创业者都需要经过这个过程。幸运的创业者在时间和金钱耗尽之前把事情弄清楚了，而那些没找到答案的自然就失败了。在硅谷的整个生态系统中试验和迭代被看作建立和发展公司的正常流程。

在这个阶段，应制作一个实物模型、原型或简化版本的产品，并提交给客户，以获得反馈与验证。除了试验之外，这个过程还包括精心打造人脉圈以寻求合适的初始客户。面临的挑战不仅包括去寻找有产品需求的客户；还包括去挖掘**乐意从初创公司中购买该产品**的客户群体。

> 找出不奏效之处实际上是一项颇有价值的工作。
>
> ——巴拉兹 · 法拉格，Real5D

团队通过市场反馈来完善产品，或对最初的目标客户进行重新定位。然后再重新将产品投入市场，观察销量是否有提升。如果目标客户没有购买产品，团队要继续花费时间来认真听取他们的不同见解，并把客户仍然“不感冒”的循环模式搞清楚。

在硅谷中，我们也非常关注执行速度与精准度。我们关注的重点是找到合适的人、正确的技术以及合适的资源，促使我们分流、外包，甚至忽略那些不在关键路径上的因素。

应该建立可行的商业模式——具有清晰、可复验和可扩展的特点，并从全球市场中获取收益。硅谷关注那些能够颠覆现有行业、取代既有公司或者可以创造全新市场的创业公司。

> 许多公司并不创造新的市场，优步和爱彼迎就是这样的。它们仅仅是对现有市场进行重新划分。你能从这些市场中获得的只有这么多。
>
> ——克里斯·叶，PBWorks 公司

在理想世界里，你可以第一时间获得正确的方法，但在现实世界中则需要做大量的重复性工作。最好能尽早完成试验和迭代过程。如此一来，你可能会以更高估值获得融资。

产品吸引力和市场适应性是我们衡量创业团队的重要方式。

——戴夫·麦克卢尔

戴夫·麦克卢尔

戴夫·麦克卢尔是500 Startups的联合创始人。

戴夫·麦克卢尔从事初期种子投资已有15年。500 Startups团队对寻找优秀的创业者和初创公司进行了深入探索。如今，团队的1000多项投资多半不在美国。麦克卢尔与硅谷以外的人分享了一些他对硅谷的看法。

“通常，在外人看来，硅谷是另一种水平，而且他们无法参与那个水平的活动。他们把硅谷放在了很高的位置上，以致产生了自卑感。然后，国际投资者开始相信他们本地的创业者与硅谷相比很差劲。”

“当你第一次到这里时是心存敬畏的，有时会特别胆怯。但是过了一段时间后，你会逐渐适应环境，开始认为他们很好。我也和他们一样。那才是你真正开始迈出实质性步伐的时候。”

“很多创业者认为他们需要在与风投专家会面之前签

署保密协议；他们担心风险投资人会窃取他们的想法。许多人还认为他们应该制订切实可行的长期商业计划，其中包含5年的预期收益。这里的一些投资者可能确实关心那些事情，但预期收益只有到了项目发展后期才是被关注的焦点。我们投资的大多数公司充满不确定因素，任何超过6～12个月的预期都是荒谬的。实际上，与3～5年的预期收益相比，我们更想了解项目在未来6～12个月中的预期花费。我们真正乐于见到的是产品功能原型以及早期客户的使用数据。”

“还有一种想法认为，创业者在路演中一定要把‘故事’，也就是一个大的想法说出来。可能确实有一些投资者关注‘故事’，但我们关注的是市场吸引力，以及到目前为止完成的一切。我们不关心你是否认为自己将创造一个巨大的商机。雄心勃勃固然是好的，但你也可能是一个真正的大骗子，或不折不扣的‘讲故事’的人。我们会问：你有功能性产品吗？已经生产出来了吗？客户愿意为它买单吗？你能展示出在过去3个月、6个月或12个月的环比增速吗？你之前有生产过成功产品的经验吗？你之前有小型项目或公司创业与成功退出经验吗？我们大部分的尽职调查都是历史性的，追溯从前而非展望未来。调查产品吸引力和市场适应性是我们衡量一个团队的方式。”

价值创造。说到“价值创造”，我们既不是指在一次路演大赛中获得胜利，也不是指因纸面上的创业理念而获得大笔风投资金。这一术语并不是指投资者为私人公司做出的估值；事实上，所谓的估值往往并不能必然反映公司的潜在价值。我们所说的价值体现在团队的水平上，体现在完成重大事件的能力、公司的市场形象、收益及利润上，也体现在既成合作与已签署的分销协议之中。

在硅谷中，价值创造撬动风投资本，为产品研发销售以及市场营销增速，营业收入增长自然紧随其后。这既是为了快速建立市场份额，也是为了优先占领竞争地位。硅谷里的公司经常将非核心业务外包，如财务、人力资源和法律服务，并以此保证公司关注价值创造的核心方面：如产品研发和销售吸引力。

找到合适的员工、客户、导师和投资者，对一个公司的增长与发展壮大至关重要。就像第 3 章所描述的那样，在硅谷中可以通过社交网络与**“不期而遇”**两种方式找到理想的合作伙伴。事实上，硅谷技术社区里的每个人都经常走出办公室去扩大自己的人脉圈。我们通过人脉网络寻找合适的人选和资源。在还没有找到的时候，却发现了意想不到的资源。亲自会面的人并不一定就是那个合适的人。

接下来是更困难的部分，是真正艰难的环节。这个环节并不令人向往，通常也没那么有趣。这个“游戏”与数字相关，在其过程中需要面对重重障碍。你联系了诸多潜在客户，并通过中间人来认识他们，但只有为数不多的几个人会给你回电话或邮件。然后在与你真正交谈的潜在客户中，只有一小部分最终成为真正的客户。第二天清晨起床后，你继续重复前面的工作。

与此同时，你花了数月的时间为自己的管理团队寻找并培养的关键人物辞职了，而且他在另外一家红火的创业公司中就了职，或是谷歌为其下发了诱人的聘书；或者是本应该在两个星期内完成的业务整合工作由于客户调整及员工流失等原因陷入了无望的僵局中；或者是一个由风投人支持的竞争对手刚刚在一个大型会议上发布了其产品的新版本，而该产品直接与你的产品形成竞争关系；又或者你从来自董事会的反馈中获悉，你的公司未能取得应有的进展，因此在资金耗尽前没有注资的必要。

但是你也可能与多个客户达成协议，完成产品整合，找到应对新的竞争威胁的方法。每一天都是不同的，每一天都是充满挑战的。创造公司价值只有在事后回顾起来才是件容易的事。

山景城中的谷歌校园

客户不是傻瓜。

——比尔·格罗索（Bill Grosso）

比尔·格罗索

比尔·格罗索是Scientific Revenues的创始人兼首席执行官，该公司由风险投资人支持，提供数字交易动态定价服务。

“急躁是一种坏习惯。”比尔·格罗索在谈论面临吸引客户的挑战时说：“在创立公司和构建产品之前，你要做大量的基础工作，行动仓促是大忌。首先，你要找到目标客户群，确定50位潜在客户。然后，你要制定5个假设产品，在潜在客户中进行测试。产品模型理论在这个部分奏效——继续尝试，直到探索出成功的产品模型为止。”

“一旦你认为自己已经找到了合适的产品，那么问题来了：如何构建一个不仅对第一个客户而言是成功的，而且能让前20个客户都满意的产品？事实上，前20个客户中的每一个都是独特的，因此不要过分承诺你交付的产品如何如何。接下来可能遇到的糟糕情形有：工程遭遇困境；预计为期4个月的项目可能延期，不久后可能变为7个月。你应该将这些坦诚地告诉你的客户，因为他们的谎言探测能力非常强。客户不是傻瓜。”

“当与潜在客户交谈时，我会使用低调的说法。我不会在潜在客户那里夸夸其谈或说些不着边际的话。我把这当作学习的机会，当他们与我谈话时，不管他们是否购买我的产品，我都将获得有价值的信息。此外，我在向客户介绍时从不安排连续会面。因为如果有人对我所说的内容感兴趣，原本安排的30分钟会面就会再延时，我通常会好好利用这个机会。”

“获得客户吸引力阶段通常需要在每周进行20～30次客户谈话，但在与你交谈的人当中，90%将是没有太大热情的人。不要把这个行为看成个体行为。相反，要认真聆听，他们会给你重要反馈，有时是指导。事实上，大多数的指导来自‘失败’的销售电话。你永远不可能认识每个人，所以你需要传播者助力你寻找客户！我试着去发现传播者，不管他们是否乐意购买我的产品。”

“知道何时停止销售同样非常重要。当人们不相信产品的作用时，应该继续推销。但当他们说你解决的问题对他们来说不是问题时，那就放弃吧。”

“目标锁定在大公司还是小公司中？令人惊讶的是，大公司往往比小公司进展更快。小公司通常会连续6个月告诉你没问题，然后什么也不做。一些小公司永远不会在下一次危机到来之前未雨绸缪。”

“最后，当开始谋划营销策略时，要记住你要求人们在太多方面做出改变是不现实的。赛格威（Segway）平衡车项目就是一个很好的例子。该公司开发了一项引人注目的技术，但起初它寻找到的唯一市场是商场警察和游客，它并未与老龄化人口挂上钩，而老年人才是真正寻求行动便捷解决方案的群体。我们常常高估了人们对改变的意愿。”

在硅谷中，除了思维模式之外，这里的企业家们还提供了很多最佳实践来帮助创业项目取得成功。

支持创业项目。数十年来，硅谷用独特的方式组织自身，并为满足创业者的需求提供服务和支持。我们有专业的服务人员，并拥有组织有序、联系紧密的创业社群，这些社群之间有许多共通的纽带。硅谷为创业者提供了一个高度协作的环境，同时为创业者与大公司的潜在合作创造了很多机会。

相反，在世界上许多其他地区，成为一个创业者就是选择了一条孤独的道路，有时甚至是分外寂寞的。创业者通常缺少能让这段旅程变得更容易的支持者。

> 应该将公司设在硅谷吗？如果是一家从事软件和技术业务的公司，且大部分相关资本和人才都在这里，那么答案是肯定的。如果公司业务不包含技术，那么可能更适合在其他地方成立公司。
>
> ——维基·福里斯特，ANZA技术网络公司

我们提到过律师是硅谷生态系统的重要参与者。除了提供法律建议、合同文件和其他服务，他们还经常帮助创业者和投资人牵线搭桥，以此体现自身价值。从他们构建的服务薪酬方式及结构中也反映出他们对创业者处境的理解。精明的硅谷律师明白，大多数初创业者最初没有太多的资金，因此他们通常会将一部分费用延迟到公司获得第一轮融资以后索取。

很多年前，我们在法国同一位律师谈起延迟支付补偿计划，这位异地同行感到十分惊讶。当我们向他施压，要求他调整业务模式以适应创业者的实际需要时，他坦言创业公司可能不是他理想的目标市场所在。显然，他只把自己当作服务和专业技术的提供者，而不乐意做创业过程的积极参与者。

与硅谷投资者合作的一个独特优势在于，许多投资者以前做过公司创始人，他们了解并理解创业过程。因此，他们为创业公司提供建议，他们通常对项目投资结构十分审慎，以便帮助项目创立团队保持积极性。投资者们有长远的打算，志在创建大型的成功公司。

硅谷有数百个加速器、孵化器和共享办公空间。它们能够提供工作空间、社区以及不同程度的建议和指导。这些机构和律师、投资者一样，有能力把创业者和硅谷的其他资源要素联结起来，包括专业服务人士、投资者、大学、行业协会、导师和顾问团队，甚至包括潜在客户。

必要的帮助。创业公司会经历许多不同的成长过程和发展阶段。硅谷的一个独特之处在于让你能够找到专业人士和资源来满足创业公司在各个阶段的不同需求。当一家公司只有三名员工和一条狗的时候，在财务方面来说，找一个记账员应该更合适吧？这里可以帮你轻松搞定。当贵公司成长到需要一个兼职 CFO 的时候，在这里也不难办到。要发布你的第一款产品？你可以选择与公关公司合作，而不需要雇用全职公关人员。你所需要的资源，硅谷一应俱全。

硅谷还有许多具备创业指导能力并愿意进行创业指导的人。孵化器、加速器和共享工作空间经常会更新各自领域中的专业人士名录。其中有一些名录资讯内容组织得非常棒。当然，还有其他可以寻找到高素质导师的方法，包括参加活动，扩大社交圈，请求律师、投资人或你的祖国在当地的移民社群，再或者联系你认识的其他人。但不管你用什么方法寻找导师，都要确保那个人与你本人及你的需要相匹配。

在公司全生命周期的每一个阶段都能找到有资源的人士帮助你将公司提升到一个新的高度。许多人会根据你的公司所处的成长阶段以及支付能力来设计他们的收费结构（包括现金、股票或两者的组合）。换句话说，他们在提供服务的同时也在分享创业经验。

不断改变。在硅谷中，事情的发展和改变都非常迅速。昨天还非常热门的事情也许在今天会冷淡下来。投资人今天所感兴趣的业务可能到明天就发生变化了。如果你想在硅谷中开展业务，就必须与时俱进，并快速发展。如果你离开半年之后再回来，硅谷注定会是另一番景象。这里的想法、兴趣点、气氛和发展方向都可能完全改变。

速度与强度。组织统筹以提高执行与决策的速度，及时对客户的要求或危机做出反馈，并保持思维敏捷，这些都是硅谷成功创业公司的重要特征。在这里，时间是关键。创业公司在有限的时间里去完成必需的功课，需要找到足够的资源，而这些资源要素通常不是一应俱全的。一个迅速敏捷的创业团队必须时刻准备着去做任何必要的事情。由于初创公司往往要努力寻找合适的客户和市场机遇，所以它们必须迅速有效地采取行动，或者进行市场验证，或者放弃该市场而另辟蹊径。

为了进一步提高效率，硅谷中很多公司尽可能地在组织中进行决策，同时保持较小的团队规模，这样它们可以自由地进行测试和迭代改进。

> 硅谷的变化速度之快超出想象！
>
> ——莱娜·斯杰斯勒弗·舒尔茨，
>
> 42 Associates

公开与透明。与世界上其他地区的人们对当地公司的了解程度相比，在硅谷中随便指定一家公司，它的产品、业务进展和公司财务状况都更加公开和透明。当创业者寻求帮助或指导时，我们会公开讨论有关资金和融资的话题。所以，当我们询问诸如“你在银行里的存款还剩多少”或者“合伙人与创始人之间如何进行股权分配”这类问题时，请不要把它当成私人话题。这些问题不是私人话题式的提问，也绝无冒犯之意，这只关乎商业。

在硅谷中，多数公司的管理团队已经采取了开放和透明的态度。不同公司的做法也不尽相同，但都会让全体员工有机会听到董事会层面的业务介绍、查看绩效评估，甚至每名员工的电子邮件。以上这些内容并非标准，这些规则都有可能是双刃剑。

几年前，我们遇到了一位从俄罗斯来硅谷访问的创业者。在第一次与他见面的过程中，我们没能搞清他的造访目的。他用英语沟通的能力是无懈可击的，但他并不想将自己公司的细节向我们公开。对于一些非常基本的问题，我们很难从他口中得到直接的答案。比如：公司的资本如何募集？这些资金何时会用完？决策机制如何？每一位创始人在公司中充当什么角色？我们对他的总体印象是不配合，至少他在隐瞒公司的真实情况。他的行事风格并不适合硅谷，而且我们了解到他在硅谷的融资计划并不成功。

硅谷里开始出现一种新的公司，叫作**隐身模式**公司。处于隐身模式的创业公司不会泄露公司所从事的业务、投资来源或员工的相关信息。这么做有的时候是由于正当的竞争理由。但我们怀疑在有些时候，这种隐身的目的是引起他人的兴趣同时传达**“酷”**的概念。

精明的创业者会想出如何能在不真正损害机密资料的情况下坦率地提供适当的信息，以保证自己的信誉。所以请记住，公开和透明是硅谷文化的一部分，这也是你在这里做生意所必须做到的。

面面俱到。我们见过的多数成功公司专注于某一特定的客户群，有一个易于解释和实现的收益模式，且采用一种直接高效的市场营销策略。我们见到的创业者面临的最大困境是他们尝试去做每一件事，换言之就是他们企图面面俱到。追求太多不同类型的客户，遵循复杂的业务 / 收益模式，同时追逐多个雄心勃勃的计划，这些都是失败的方法。创业者对其项目应当逐步推进、测试和迭代，而后再进入下一阶段。

现如今刮起了复古风

关于风险投资的漫画在 1997 ~ 2000 年开始风靡，今天看起来仍不过时。

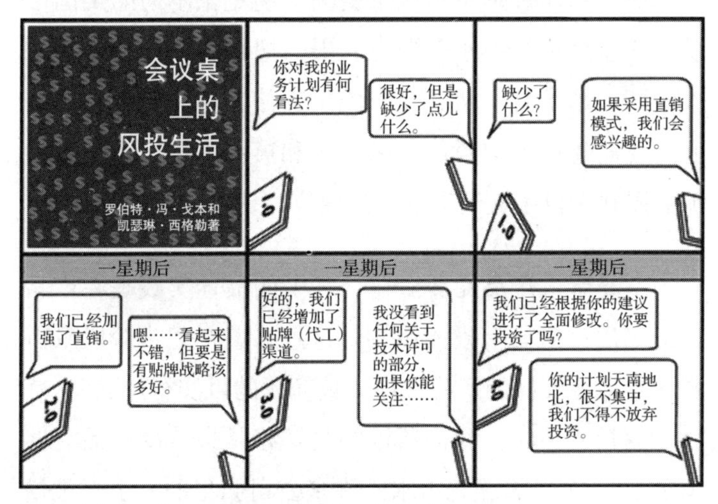

版权归罗伯特·冯·戈本和凯瑟琳·西格勒所有。更多信息请登录 www.thevc.com。

要素匹配。在成功的商业案例中，各个业务要素组合得天衣无缝：为合适的客户生产合适的产品，加以适当的商业模式以及高效率、高成本效益的分销客户支持战略。通常，我们发现公司努力将业务模块化，但结果是各个模块或要素彼此不相匹配。比如定价策略不具备经济学意义，或所采取的业务模式不能在适当的时间框架内为公司带来利润。

我们曾与一家目标市场在拉丁美洲的哥伦比亚公司

合作。其创始人通过家族关系在英国获得了一些客户。但是，将英国客户作为拉丁美洲市场的参照样本意义并不大，而且从英国客户身上所产生的营业收入甚微。此外，该公司还想进军与拉丁美洲市场完全不同的美国市场。这家公司规模小、资源有限，把精力放在积极开发这些新市场上就意味着要分配出部分人员和资金在差旅上。我们建议他们暂停开拓美国和英国市场，继续致力于巩固其在拉丁美洲市场中的地位。

不要苛求产品完美。在硅谷中的最佳实践是在产品具备实用性后马上投入市场。这意味着在起步阶段只需要开发出足够好的产品，即“最简化的可实行产品”，然后迅速投入市场。我们所说的足够好是指该款产品能够满足 80% 客户的优先需求。许多公司会犯的一个严重错误就是要在产品发布前做到完美。这类公司通常会花几个月的时间来构建一个没有任何客户参与的产品，结果却发现这不是客户需要的，也不是他们乐意购买的。

除了支持开发最简化的可实行产品之外，在这个过程中尽早从客户那里获得反馈也很重要。客户对产品的印象如何？产品能否满足他们的需要？对他们的生意有帮助吗？他们会为此买单吗？如果他们愿意购买，能支付多少钱？

公司规模扩张。在硅谷中获得成功的公司知道如何扩大规模，占领巨大的市场份额。他们已经找到了利用产品或服务让客户买单的具有成本效益的方法。

我们遇到过两位拥有良好经营理念的创始人，其目标客户是墨西哥城的餐馆，但是他们满足客户要求的效率不高，而且方法欠佳。起初，创始人充当销售团队，为了获得订单，他们逐一拜访餐厅老板和经理。随着业务的不断成长，他们在目标市场中雇用了临时销售人员。但是，在目标市场里有 1 万多家餐馆，他们必须寻找更好、更快、更廉价的销售方式。创始人本可以寻找同样有需求拜访餐馆决策者的其他公司，但他们没有这样做。导致他们失败的原因之一就是不断地进行直销，而不去寻找合作伙伴建立战略联盟，挖掘互惠互利的机遇。

要么做大，要么收手。硅谷中的大多数公司在业务中运用了一些高科技元素。这里的生态系统旨在帮助这些公司将收益增加到数亿美元，并通过公司的发行上市或出售实现变现退出。正因如此，公司必须发现大的市场机会，并制定能够迅速占领巨大市场份额的市场策略。

许多其他地区的一些公司并不以高科技为基础，也不打算将收益增加到数十亿美元。事实上，与我们合作的许多公司在运行过程中没有或者只拥有较低的科技含量，但我们非常喜欢与它们合作。这种公司通常如清新空气一般，由精明的创业者经营，寻求更加主流而又稳固的市场机会。虽然这些业务通常不适合硅谷市场或在硅谷中融资，但它们可以从硅谷所提供的最佳实践中获益。

全球化思维模式。造访硅谷的人常常会评价道，“这里的许多公司在世界各地都是知名的”，但事实是其中有些公司规模并不大，业绩也并不突出。硅谷中的公司明白，建立具有传奇色彩的印象往往会为自身增值。公司通过多种方式以达此目标。举例来说，如果你的网站上采用多种语言，并且接受多个货种，那么不管现实情况如何，人们都会认为你的公司正在开展国际化业务。

> 如今，你必须拥有全球性思维，这样才能与其他参与者竞争！
>
> ——凯文·巴鲁蒙德，SV101 创投公司

初次建立公司，你应该考虑公司是否具有全球化发展的潜力，否则当你的对手，资金充沛的大型跨国公司逼迫你成为全球化公司的时候，你还没有做好准备。我们曾遇到过一家哥伦比亚创业公司，他们在当地做了很多工作，建立了业务。然而，由于一家西班牙跨国公司竞争对手即将在墨西哥市场推出产品，因此该公司创始人不得不加快进军国际市场的计划，加速他们在拉丁美洲市场的步伐，特别是在墨西哥。

你必须从战略和战术两个层面进行全球化布局，这项工作不要等到万事俱备后才做。我们经常听到创业者说，“除了谷歌和脸书之外，我们已经没有竞争对手了，而这两家公司还不在这里……”如果你的市场受人关注而且有吸引力，那么其他跨国公司来得会比你想象的还快。

模式识别。利用模式识别可以帮助创业者了解客户、市场机会、销售异议以及其他业务问题。我们遇到过的最精明的创业者都是善于发现业务模式的专家，他们利用这些信息有效地确定目标客户，管理销售流程。通常，这些模式的出现都是由一些问题而引起的，如“是否有更多的客户看起来与这个客户一样”，或“为什么这种销售异议会不断出现”，抑或“我们似乎在一个与原本聚焦的完全不同的目标市场中吸引了客户并令他们询单，但我们真的了解所发生的一切意味着什么吗”。

收集客户信息、了解市场是一个持续的过程。在构建产品之前完成这一任务固然是好的，但必须要在后续中持之以恒。在市场反馈与分析中经常出现的问题是：做一项决策到底需要多少数据？答案是做出决策既不需要成百上千个数据点，也不能只靠某一个客户的数据输入。良好的模式识别需要收集数据点，直到趋势、模式或集群变得清晰明了。在讨论模式时，我们非常喜欢说：“一个数据为点，两个数据成线，三个数据为趋势。”然而，要验证一种趋势，需要多于3个且少于100个数据点。

我们遇到过一个巴西创业者团队，他们想要建立的业务是为高中生提供辅导。但他们发现大部分销售咨询和所接触的客户实际上是需要辅导的在职专业人士。他们希望得到专业认证考试方面的辅导，以获得升职和职业生涯进步的机会。这个巴西团队意识到客户对服务的真正需求与他们最初的想法和初始目标市场截然不同。由于许多创业者在为产品确定初步市场时存在诸多问题和错误。因此，收集数据并根据数据做出判断至关重要。

失败的试验。硅谷为公司提供试验的机会。尽管一些公司在产品和市场上形成了特定的想法，但现实是在找到成功的产品和合适的市场之前，它们仍然处于试验模式。这种模式可能会持续数月或数年，而这几乎是每家公司都要经历的过程。正如埃里克·莱斯（Eric Ries）在他的《精益创业》一书中描述的那样，硅谷的最佳实践之一是建立一个“简化”产品，并进行测试，如果测试结果显示这是错误的产品，那么就改变它。市场亦是如此。

因此，硅谷中的公司不断试验，直到成功，直到资金耗尽，或者直到团队的核心人员离开。从生产错误的产品到错误判断产品的发布时间，失败的程度和形式是多种多样的。Webvan[㊀]就是一个选择时机不当的例子。这家公司花费了 10 多亿美元证明了当时大多数人已经知道的事实——当时的大部分人并不觉得去杂货店购物是痛点所在。Pets.com 在上市不到 1 年的时间里就申请破产，原因之一在于消费者觉得如果他们在当地可以轻易买到狗粮，却要费事横跨东西海岸为 50 磅宠物粮的运费买单，那么这不合常情。另外，考虑到当时的金融市场，该公司无法筹集到达到盈亏平衡点所需的额外资本。

每一家创业公司都有试验许可。

——马丁 · 皮切森

马丁 · 皮切森

马丁 · 皮切森是 Agency iP 的首席执行官，该公司为大型和小型公司提供技术许可服务。他还是舍伍德合伙公司的创始人兼联席总裁，该公司主要处理因经营失败被风投人回购的公司关张的相关业务。皮切森和他的团队已经参与了 300 多家公司的关张业务。

㊀ 美国的网上杂货零售商，一度非常知名。——译者注

“导致公司失败的原因有很多。首先，大多数创始人是糟糕的首席执行官。创始人应该是首席概念官，而非首席执行官。的确，马克·扎克伯格与史蒂夫·乔布斯一样，具备这样的双重身份，但他们只是特例。”

“硅谷允许每位创业者在这里进行试验而不是失败。人们都希望创业公司在资金耗尽之前都能找到足够多的人接受它的业务。如何做到呢？对失败的恐惧常常驱使创业者迅速行动，达到上述结果。但要记住：困境无处不在。”

坚持不懈、洞见未来。创立一家大型公司可能需要很长时间，一部分原因是公司在实现跨越式发展之前的试验阶段需要较长时间。以 Instagram 为例，该公司于 2009 年成立并于 2010 年 10 月开始发布产品。2012 年，脸书以超过 10 亿美元的价格将其收购。大众媒体一直宣扬，本次收购案发生于 Instagram 在 2010 年发布产品之后的 18 个月中，而不是从 2009 年成立之日算起。这增加了人们对建立公司及将公司规模化所需时间的误导。Instagram 的联合创始人凯文·斯特罗姆（Kevin Systrom）说过：“ Instagram 是一款仅用 8 周就完成研发并面市的应用软件，但也是耗时 1 年多的产品。”作为人类，我们的一个怪癖就是将第一次听说一家公司的时间当作该公司的成立时间。这种误解让大多数人所相信的初创公司获取成功的速度比实际快得多。

每一位风险投资人都乐于在这么短的时间内获得与Instagram相类似的回报。但他们知道，自己的大部分投资从公司启动到资金回收将会历时5年、7年或者大约10年。“时间、毅力与10年的努力最终会让你看起来像一夜成名。”

讲好故事。良好的沟通是创始人/首席执行官的基本素质。大多数创业者并非天生的优秀演讲者。有效的演讲者需要的是好故事讲述者，并判断与听众互动的最佳方式。无论是向投资者、客户、潜在雇员进行介绍，还是在活动中开展社交，在演讲之前及其期间判断情势（听众及其注意力的持续时间）是非常重要的。有效演讲意味着你要通过演讲对观众感兴趣和兴致不大的点分别做到心中有数。优秀的演讲者能够有效地、言简意赅地讲述一个清晰的引人入胜的故事。

要想成为一个好的演讲者，需要练习，更多的练习，直到演讲让人感觉自然和舒适。作为一名创业者，你的信念来自如何实现自己以及如何展示自己的想法。最后，真正重要的是商业创意的内涵和人们对你执行这一想法的能力的信心。

我们看到过数以百计的创业者被自己的幻灯片所禁锢。PPT或Prezi[㊀]可能是你最好的朋友，但也可能是你

㊀ 一种主要通过缩放动作和快捷动作使想法更加生动有趣的演示文稿软件。——译者注

最大的敌人。优秀的演讲者是能够吸引听众的绝佳的故事讲述者。糟糕的演讲者只会看着幻灯片照本宣科且表现不自信。幻灯片应该是用来增强效果或丰富故事情节的，不应当成为故事本身。史蒂夫·乔布斯曾经说：“知道自己在说什么的人不需要幻灯片。”

一般来说，硅谷的演讲质量其实很高。对于那些硅谷之外的人来说，参加路演大赛和演示日是一个绝佳的机会，可以看到创业者如何阐述他们的想法，还可以看到平庸的、优秀的和伟大的演讲之间的差别。

销售。虽然许多创始人认为构建产品是他们对公司成功的最大贡献，但我们礼貌地表示不同意。产品必须有用，如果没有用处，销售一个平庸的产品是很困难的。但是，几乎在所有情况下，销售都是建立业务过程中最重要的方面。销售从最开始就很重要。创始人是激励合伙人和团队成员加入公司的销售人员，创始人还会与初始客户会面，达成交易。在这一过程中的每个步骤里，创业者都在向投资者、员工和其他促进公司成长的人推销他的公司愿景。

从某种程度上来说，硅谷的欣欣向荣有赖于人们通过随机、愉悦的机缘巧合而建立的联系。善于沟通、精于销售将大有裨益，因为你永远不知道会遇见谁，或者会在哪里遇见他们。你可能只是因为午餐时选对了地方，就将身旁的有缘人发展成了客户。硅谷是一个充满神奇的地方，特别是对那些有备而来的人来说。

价值比特性与功能性更重要。你在谈论你的产品时很自然地会讨论它的特性和功能。然而，硅谷中的客户和投资者知道产品的价值比特性和功能性更为重要。早期客户不会被技术噱头弄得眼花缭乱，他们更关心的是产品解决方案是否能够为他们提供真正的经济和商业价值。

想必，要面向早期客户进行推销的创业者已经十分清楚向客户清晰地介绍产品对于客户业务的积极影响的重要性了。这里有一些关于价值的例子：产品如何提升客户的营业额或用户基数，以及产品如何为客户节约时间或者产品如何使操作变得更容易。经验丰富的创业者在制定简明扼要的价值信息时会问很多有关于客户、合作伙伴和市场专家的问题，并在发现新信息以及了解产品如何影响客户时对价值定位进行调整。对价值的深刻理解和清晰沟通是市场开发和销售过程中必不可少的一部分。

将爱传递。硅谷中建立了强大的有着“先予后取”精神的创业者社区。我们鼓励身边同行的创业者承前启后、继往开来：将互帮互助与相互关爱传递下去。帮助其他创业者可以使你受益：获得新联系人、潜在客户和新的想法。如果你是受助者，记得要适时地称赞并回馈那些帮助过你的人。天下没有免费的午餐。

位于旧金山的雅虎办公室

重要课题。当前，世界上有许多迫切地需要解决的重大问题。其中许多问题可通过高科技来产生不同效果：为保护水资源而进行森林砍伐测绘；追踪毒品分销渠道，将无银行账户和非银行账户联网；减少人口贩卖。我们听说过一家巴西的创业公司利用地理定位技术、政府卫星图像和毒品独特的化学特征来确定临时毒品生产地点的位置。然后，它帮助当地执法人员去捣毁窝点。

当然，世界上存在很多重大社会问题。我们很高兴看到越来越多的创业者们正在解决这些问题。这些问题是值得被解决的。创业者们所面临的挑战是在寻求解决方案的过程中建立可行的、成功的、可持续的商业模式。

复杂多变。我们都愿意相信通往成功的道路是笔直的，但现实并非如此。创业公司的道路迂回曲折，复杂多变，还经常会出现意想不到的挑战：融资、发现客户与结束客户关系以及遇到重大事件。处理所有这些情形需要花费的时间比你想象的更长，而且充满挑战。事实是，你疯狂地工作，因为犯错而导致落后，并在失败了很多次之后，也许会取得一点点进步。因此，你在进行业务交易时，要保持灵活与敏捷。坚持住，你大放异彩的日子即将到来。

好运与机缘。创业者愿意相信产品质量、合作团队以及独具慧眼的人所确定的商业机会会使他们大获成功。当然，这种想法是有助于成功的。但成功往往因为是在正确的时间、正确的地点满足了客户需求或恰好与某家大公司的收购战略匹配。虽然努力地工作和卓越的产品是很重要的，但好运与机缘可能比其他因素更能对创业公司产生深远的影响。

我认为，我们的成功归功于运气。每位成功人士都是幸运的。虽然他们也能发现机会并采取行动，但大多数的成功仍然是运气使然。

——菲尔·利宾

菲尔·利宾

菲尔·利宾是印象笔记的联合创始人和执行主席，也是通用催化风险投资公司的投资合伙人。

“印象笔记是我们整合了两个团队于2007年成立的。我们一直在加州从事为每个人提供照片记忆的项目，我在波士顿还有一个为了创业而留下来的团队。他们想做同样的事情，因此，我们联合了起来。那个计划有很多好处，但也给公司结构增加了许多复杂性，使我们很难从硅谷的投资者那里获得资金支持。”

“最初，我们把自己的钱投入公司并获得了天使基金。后来，我们在欧洲找到了一位投资人。我们花了大约6个月的时间来整顿公司结构。在我们最终完成的那一天，市场崩溃了。投资者给我们打电话说他要撤资，因为他的基金在那天失去了大部分价值。因此，我决定在资金完全耗尽之前关闭公司。在睡觉前我想着第二天早晨要到公司把所有的员工遣散。就在我睡着之前，我收到了一封在瑞士偶然遇见的一个人的邮件，他说自己非常喜欢这个产品，我们的产品不仅让他变得有条理，也改变了他的生活。他还问起我们是否需要投资。我回复了他的邮件，大概是说‘是的，我们可以利用一些投资’。20分钟后，我们通过网络进行了通话。我向他介绍了情况，他说愿意提供帮助。几周后，他汇给我们50万美元，足够我们继续发展了，而且我们开始越做越好。我们因此多赢得了6个月宝贵的产品推广期。”

“关于天时和地利，有很多值得一提的事：为了获得更多更好的机会，你要敞开自己，期待好运光顾，且已经拥有了一点运气。因此，为了提高你遇到意想不到的好运和意外的机会，你要敞开心扉，与更多的人取得联系，改变常规生活，从经验中学习，并勇于冒险。”

从失败中吸取教训。记住，硅谷里有着比成功公司数目更多的失败公司。认识到不断失败的试验是过程的一部分，这是很重要的。还要记住，失败能够提供从错误中学习的机会。当创业遭遇瓶颈时，克服其间的种种挑战需要勇气和对恐惧情绪的管理。连续创业者已经找到了处理逆境的方法，而不是让逆境支配他们。因此，一些投资者只为有经验的创业者投资也就不足为奇了。

意想不到的事情会发生，交易越来越糟，停止签署合同，预算减少，员工离职，还有许多其他的事情可能会发生。我们花了很多时间与创业者、导师和投资者一起，帮助他们了解哪些方面可能产生错误，这样他们就可以提前规划，并制订应急计划，克服挑战。当挫折来临时，最成功的创业者直面问题，确定备选方案和突发事件，做出那些通常很难做出的决定，继续前进。可以害怕，可以暂停，但不可以不作为。从创业者、导师和顾问那里获得帮助可以让你在面对挑战时了解更多观点与看法。

享受这段旅程。创业的旅程与其他旅程不同，充满了高潮与低谷、积极与消极，和你经历过的任何事情都不一样。你会不断地面对各种情况和问题，你会学着每天都尝试一些新的事务。如果你把它看作一次令人兴奋的挑战，而不是一个令人生畏的问题；如果你决定要经历这一过程，那么你一定会爱上它。如果你爱上了它，你就更有可能做好它。

一旦你经历了这段旅程，再回头来看时，你会惊异于自己的所做、所说，以及你处理困难情况的方式和方法。有时候，这似乎是不真实的，就像电影、剧本中所描绘的场景一样。我们鼓励在旅程中写下你的印象和经历，因为记忆会出错，而且回忆和观点也肯定会发生变化。请享受这段旅程。

第6章

打破教条，不囿成规

通常来讲，作为创业者意味着有可能要挑战规则。所谓挑战规则，其范围是极其宽泛的。小到挑战传统观念，大到在不违法的前提下不断试探、摸索法律界限。创建公司的过程必然面临挑战，这就通常需要创业者在规则和约束面前积极寻求创造性的解决方法。

WSCJ律师事务所的马克·怀特说过："从历史上看，硅谷再也无法从别处获取参考和启发。我们热衷于打破现有的规则，从而根据需要建立新规则。在通常情况下，其他地区的创业者会紧盯着那些在硅谷奏效的模式，然后去模仿。"

硅谷中的很多风险投资公司对规则挑战者不仅青睐有加，而且积极网罗，原因在于，对传统产业的冲击通常恰恰是缔造新的商业传奇和收获丰厚投资回报的关键。

众所周知，在硅谷外的创业者很难打破规则。在很多地方，创业者都循规蹈矩、按部就班，遵循当地的传统、行为规范和风俗习惯。但这些绝不是硅谷的行事风格。

创业者频频打破的最基本的规则即当前面临的状况。太多的人以为，如果一个问题值得解决的话，早就有人解决好了，不会等到现在。然而，成功的创业者对此并不苟同。他们会找出问题并采用创造性方法去解决它们，甚至创建创新型产品以及创新型公司从而解决市场机遇难题。这些机遇有时会潜伏在尚未得到开发的市场中，有时会充斥整个新兴市场。当今，打车看起来是一件稀松平常的事，但为什么没有人提前想到发展优步呢？

优步在当今出租车行业中掀起了改革浪潮，这个例子很好地解释了我们想要诠释的东西。过去，承运公司的雇员司机在当地经营生意时需要携带特殊许可证；而优步把自己的服务定位为“需求式运输”，将司机看作独立合约人而不是雇员（一种可能不被接受的身份）。优步“打破”的规则是合约司机需要携带雇用许可证。由此，优步并不会受到像传统出租车一样的规定约束。如今，优步已有 327 000 名车主上线，他们根据需求规划自己的日程并提供运送服务。这一软件在 2015 年遍及

60个国家的300个城市（根据2015年优步数据）。

Salesforce是另一家打破规则的公司。在公司创立前，世人普遍接受的“规则”是，只有直销人员才能向大型公司销售软件，而且软件不被当作一种服务（SaaS）。甲骨文是一家生产企业软件的公司，CEO马克·贝尼奥夫离开了这家公司，并向世人证明了自己可以在互联网上销售软件。如今，Salesforce众多的客户来自《财富》500强，公司2015年的年收益高达53.7亿美元。

爱彼迎也是一家打破规则的公司。很多城区要求户主租赁全部或部分房屋的租期不少于30天。如今为了顺应爱彼迎的发展，很多市区调整了这一要求，并且一些城区开始收取短期租赁酒店的占用税。爱彼迎在全世界拥有超过200万只上市股，目前该公司的服务区域已扩展到古巴。

最后，我们来说说埃隆·马斯克——一个惯于打破规则的人。他一直在做别人认为不可能做到的事情。这尤其体现在他创建了可以和NASA相匹敌的电动汽车公司，并提供航天飞机服务。他也在小地方上对规则做文章——研发电动车，尽管价格昂贵，但只需要充一次电就可以从旧金山开到洛杉矶，这在过去看来是无稽之谈。目前，他一直在测试可回收的航天火箭[1]。

[1] 埃隆·马斯克的Space X公司已于2018年2月成功发射了目前最强大的、运载力最强的火箭——猎鹰重型火箭。——编者注。

我们不妨来问问自己：像前文提到的优步、Salesforce 和特斯拉这些公司，如果它们循规蹈矩、按部就班，后果会如何呢？它们不走寻常路，善于打破传统观念，与规则抗衡。有时它们对规则的叛逆会让自己处于法律的灰色地带。然而一定要记住，对于打破规则来说，也有规则可言。你不能去做像偷车（不存在任何灰色地带）这样违法的事情，你也不能做违背道德的事情。永远都不要做有损你信誉的事情。尽管如此，我们仍有机会去挑战，去做自己认为正确的事。

以上所有案例都是对墨守成规的挑战，这一过程包括了对现状的质疑，对法律和制度的改变以及创造可以实现产业转型的机会。打破规则不限于此，有些其他的规则不是可以改变而是必须改变——称之为“可变通”的规则。请看下面的案例。

Salesforce 公司大厅的标志

随机并不是毫无章法。

——塞尔丘克·阿特利

塞尔丘克·阿特利

塞尔丘克·阿特利有多次创业经历，他是Socialwire与Boostable两家风险投资公司的共同创始人之一，两家公司现已筹集了近1000万美元的资产。

塞尔丘克·阿特利出生于土耳其，以富布莱特学者的身份去了美国。他说：“2011年4月，我来到了硅谷，当时我没有工作，举目无亲。我本来想找一个能够指导自己的人，却发现人们想要结识他人并期盼得到指导的情况数不胜数。由此，我想到了一个好办法。”

“我想去见美国艺电公司的前首席创意官宾·戈登，他是亚马逊的董事会成员，也是凯鹏华盈的合伙人。在我为自己的第一家公司招商引资的时候，在一次会议上，大会本来安排了领英创始人里德·霍夫曼发言，但是霍夫曼不能到场，所以换成了戈登。我请求会议组织者给我一次面见戈登的机会，然而不幸被拒绝了。”

“我知道在戈登发言之后，肯定会有很多人排着长队要和他见面。我也明白短暂握手式的交谈毫无营养。因此我设计了一套计划。会议厅一共有两个出口，我自己盘算了一下，相比较100%的握手机会（还可能有0.5%的后续交流可能性），我选择了50%可能与他进行谈话的机会。我站在其中一个出口附近，幸运的是——戈登就是从那个出口出来的。首先我跟他介绍了一下自己，也简明扼要地说明我为什么值得他面见。戈登说他第二天要去度假，没时间见我，我提议把他送到机场，他答应了。于是后来我在领英上联系到他，表明了我的态度。”

“尽管他的行程安排得很满，但最后他还是让他的助理在登机前为我们安排了一次会议。晚上10:30我才收到了他助理的邮件，当时我正在和其他人会面。邮件里说第二天早上6:30在瑰丽酒店见面，并且要我提供一份关于我公司的幻灯片副本。尽管我是在快到半夜的时候发送的副本，戈登依然在早餐会前看完了。后来我面见了很多凯鹏华盈的合伙人。尽管到最后我们一致认为Socialwire谈论凯鹏华盈的投资为时尚早，但我仍然和能够指导自己的人建立了重要联系。后来，戈登向亚马逊中的很多人举荐了我，对我早期吸引客户大有裨益。”

塞尔丘克打破了一条可变通的规则——排队等待演讲者发言完毕之后握手见面，但他并没有触犯法律——没有尾随跟踪，不会因此被逮捕。这个例子很好地解释

了我们提倡的打破“可变通的规则”。对很多创业公司来说，在与投资者或者客户会面时，一个小小的打破规则的举动就会产生巨大的影响。态度谦卑、做事专业以及坚忍不拔会让你所向披靡。

最后要提醒你的是，在执着于打破规则和遵循毫无周旋余地的规则之间存在一条分界线。我们只能告诫你具备良好的直觉是成为成功创业者不可或缺的一部分，除此之外，再没什么其他建议。硅谷的思维模式是：规则就是用来打破的。这里的准则是请求原谅而非许可，这非常奏效！

坚忍不拔，此乃真创业者也。

——约翰·斯卡利

约翰·斯卡利

约翰·斯卡利是 Southen Cross 合伙公司的一位风险资本家。

“真正的创业者拥有的品质是什么？他们对自己做的事情充满信心，相信自己一定能成功，而且聪慧过人，能够吸引有才干的人加入自己的行列。好的创业者和优秀创业者的区别在哪里？韧性，以及善于吸取教训。由此来说，唯一的问题在于他们是否关注足够大的市场问题，考虑客户的感受。”

“有些时候，当创业者一开始就吃了投资者的闭门羹时，他们总想回头再试一试。如果你还是表现出一副老样子，就不要再浪费时间了。但如果你取得了一些进展，那么恭喜你——这说明你的执着深深扎根在了前进的道路上。”

“如果在被硅谷以外地区的人引荐的时候并未收到相关方的回复，那么他们会认为相关方对自己并没有眼缘。但是在硅谷中，你要有顽强的毅力不停地去追赶别人。在这里，人生就像达尔文进化论里所说的那样，适者生存。”

优秀创业者的其他品质

硅谷中的创业者足智多谋，他们都用最优的方法处理问题，而且都有一个假想敌。他们对成功前赴后继，从来不会被挫折吓倒。最成功的创业者都是行动派，由此驱动自己飞黄腾达。金钱不是激励他们长时间努力工作的动力，他们想要改变世界的渴望才是。质疑现状，选择新技术来解决问题以及创造新兴产业颠覆市场等，这些都是强有力的推动器。

很多共性的品质可以在成功的创业者身上被发

现——热情、诚信、思想开放以及有自知之明。

除了以上这些品质，硅谷中的创业者们还掌握一系列技能，办事高效。下边列举其中一些技能。

能解决问题的创业者——硅谷里的创业者都具备自给自足的精神，而且愿意和渴望解决别人无法解决的问题。显然，很多创业公司的创始人旨在致力于解决前所未有的问题。他们足智多谋，干劲十足。在理想情况下，他们知道自己在什么情况下会力所不及，需要寻求外界的帮助。他们可以同时全身心投入、耗尽精力和获得快感。

在硅谷以外的很多地方，我们会发现人们一直都在指望政府去处理问题，或者期待其他人提供合适的解决办法。更令人头疼的是，有时我们会发现很多创业者在管理自己的创业公司时会采取相同的态度。他们常常会异想天开，认为存在某种神奇的孵化器或催化器，可以为他们提供解决问题的规划，指明经商计划，搜寻客户和融资。孵化器和催化器要想发挥作用，需要一位信心坚定的 CEO 的领导，他要了解内需并能指明公司的前进道路。

对于自己不懂的事情要有自知之明。不懂得谦卑的人，无药可救。

——乔·肯尼迪

乔·肯尼迪

乔·肯尼迪曾让一个失败的创业公司咸鱼翻身，成就了当今的Pandora公司。这一音乐共享网站于2011年向公众开放，当时的资产估值超过300万美元。乔·肯尼迪现任公司的名誉主席。

“Pandora公司始创于1999年。当我加入公司的时候，里边的30个员工在无偿工作。我妻子并不是很理解，不懂我为什么要加入这样一个象征着失败的公司，然而我的理由是被他们的激情所感染，这也是我在创业公司里一直寻找的东西。整个团队从未质疑过他们自己在做的事情。”

“在绝大多数时间里，我们一直背负着满满的信念前行，偶尔会看一看我们走到了哪一步。每个星期一，我都会看到年轻聪颖的创业者重新规划。他们的理念是，如果某件事情做起来很难，那就说明相应的策略是不可取的。但对我来说，我的每次成功都特别的困难。在开始的很长一段时间里，丝毫没有进展，过了很久很久，才稍微会有些很小的进展。”

“我把Pandora公司的成功归因于团队的专注。这样微不足道的一家公司是如何打败家大业大的公司的呢？答案就是专注、激情和决心。对于小的创业公司来说，每个人都只关注一件事。然而对于大公司来说，大家都会关注很多事情。我们的理念是多一事不如少一事。”

“当今社会，提供最优质的产品和服务要比发展合适的品牌或发现正确的市场渠道更重要。人们可以在互联网上找到自己想要的最好的产品和服务。如果你不能做到全球最优，请另谋他路。”

“怎样才能成为一个伟大的创业领导者呢？你不仅要脸皮厚，还得学会谦虚做人。很多人都可以做到前一点，但后一点也很关键。谦虚可以让你认识到自己并不是无所不能的，你的成功需要别人的助攻。对自己不懂的事情要有自知之明。不懂得谦虚的人，无药可救。”

能承担风险的创业者——在硅谷中，很多创业者知道他们做的事是有一定风险的，但只有真正经历过的人才能体会到他们的奋斗之路到底有多惊险。聪明的创业者尽可能在每件事情上降低风险，包括开发产品、吸引客户以及做出关键的商业决断。然而在硅谷中，冒险是必要的——失败没什么大不了。这也是很多创业者涉足这片区域的原因。

2009年，我在美国遇到了一个19岁的年轻创业者，他还不到可以自己租一辆车的年纪。他违抗家庭对他事业的安排，宣称要成为一名创业者。他甚至跟我说，一旦创业失败，他会离开美国，因为不想给他的父母和其他家人丢脸。这听起来风险极高，而且家人对他失败的容忍程度相当的低。但最终，他承受住了风险，成功创建了拥有数十人的公司。

位于圣克拉拉的英特尔

他们不会根据我的过去评判我，而是根据我未来会成为什么样的一个人。

——贝弗莉·帕伦蒂（Beverly Parenti）

贝弗莉·帕伦蒂

贝弗莉·帕伦蒂是最后一公里（The Last Mile）[㊀]的创始人，最后一公里是一个非营利的技术助力机构，为准备重新进入社会的服刑人员提供商业支持、创业机会和技术培训。

“美国人口占全球总数的5%，而服刑人员占全球总数的25%。从19世纪70年代开始，美国的监狱人口数量增加了700%，而加利福尼亚州的犯罪人口重犯率达到了67%。”

“最后一公里的任务是向服刑人员提供现场教育和销售技能，以确保他们能在被释放后有能力找到工作。对他们来说，找到工作是重返社会的关键。没有工作会让他们感觉失去了自我价值——成为社会的吸血鬼。我们希望能让这些人为进入公司实习做好准备，打破这一恶性循环。”

“通过我们的狱中项目，这些人可以学会如何创业——使公司如何运转、如何与团队协作以及如何接受反馈。他们逐渐在掌握新思想和学会抛出创意的过程中找到自信，他们也学会了在误入歧途时悬崖勒马，调转方向。在志愿导师、演讲嘉宾和商界领导者的帮助下，尽管不能上网，而且没有任何实践经验，这些人依然学习到了最新的技术。”

㊀ 指电信公司为了向客户提供服务而做的最后的连接工程，常用于电信和有线电视产业。——译者注

"导师让这些人受益匪浅。这些人说：'我们在这里服刑，周围全是铁丝网和冰冷的大门。来自外界的人（具有一定才干的人）把我们当作一个普通人面对面交谈，而不是一个犯人。'这有很强的说服力。他们对关心自己的人来监狱探视自己感到很激动。导师提供的建议很实用，让这些人有醍醐灌顶的感觉。"

"我经常听这些人说：'他们从来不会像监狱行政当局那样根据我们曾经犯下的罪行评判我们。相反，他们对我们几乎是无条件地接受。他们不会根据我们的过去评判我们，而是根据我未来会成为一个什么样的人。'"

作为多面手的创业者——创业者对每件事情都亲力亲为。以下是几点有助于硅谷创业者取得成功的特质——寻找一位和自己优势互补的合伙人，并且组建一支具有丰富创业经验的核心队伍。这里所说的优势互补，包括涉足领域、工作经验、人品个性以及个人技能等几方面。

不是所有人都能成为所谓"创业专家"口中的创业者。有些人的性格和品质对于他们成为创始人或CEO是一种障碍。通常来讲，每家公司的创始人都需要优势互补的人和他一同创业。创业者都认可首席团建人的重要性。团队至关重要。组建一支优秀的团队（一支具有凝聚力和眼光长远的队伍）对创业公司的发展和成功所起的作用不可小视。优秀的领导者引领卓越的团队才能创建伟大的公司。

对硅谷来说，最后一个重中之重是：创业者扮演着多重角色，他又是亲力亲为的首席产品主管，又是首席销售商，还是首席资金筹集人。这种多重身份和硅谷以外地区中所谓的“总经理”大相径庭。

之前听说过一个澳大利亚的创业公司CEO经常依赖美国的产品商机来做关键的商业决策，而且还把最初的目标市场调研扔给第三方销售商，要他们来“弄明白如何卖东西”。这种放权的方法在硅谷里想筹集资本的公司中是行不通的，这会让投资者嗤之以鼻。硅谷中公司的成功原因之一，在于公司和客户之间建立了庞大的沟通交互机制，这让公司生产更能满足客户需求的产品，并且及时察觉更多的商机。

身先士卒的创业者——硅谷里的创业者会一直尝试不同的事物，直到找到满意的产品、市场、销售渠道与商业模式的组合为止。试验究竟意味着什么？或许是改变产品及其功能，抑或是改变市场，还有可能是改变商品信息和价格。通常情况下，由于解决办法并不显而易见，所以创业者会做出最好的预测——一旦失效，他们会权衡利弊，再想其他的办法。

> 高和低之间的距离愈加遥远。从哪里跌倒，就要从哪里爬起来。作为创业公司的CEO，你有20件事要做，其中10件必须做——而你只要完成这之中的两件事。
>
> ——齐亚·优素福，波士顿咨询公司

很多后期的投资者没有耐心等待创业者准备所有商业要素的过程，而一些早期投资者愿意为感兴趣的团队出资。他们逐渐意识到，随着屡次试验和试错，经营模式变得越发的明朗。相比之下，很多投资者愿意赞助具有二三流思想的一流团队，而不是具有一流思想的三流团队。对于他们来说，引导一个精英团队走向成功至关重要。

在试验过程中，市场反馈有时可以反映最初产品或市场导向存在的问题。在这种情况下，“战略转向”刻不容缓。创业公司投资人及顾问克里斯·叶对战略转向的定义是，在完成最终产品以及打入市场之前，对商业规划做出实质性的改进。他认为，如果你的商品已经打入了市场，却发现自己需要大面积修改经商的基本要素，那么这时候你需要做的是从头再来，而不是尝试战略转向。在成功的等式里，试验、冒险以及战略转向不可或缺，硅谷完美地诠释了这一等式的内涵。

位于帕洛阿尔托的特斯拉产品陈列室

是转变还是重启？

——克里斯·叶

克里斯·叶

克里斯·叶是PBWorks公司的天使投资人以及市场

营销副总监。

“人们一直在谈论着战略转向，然而大多数人肯定都没有读过史蒂夫·布兰克或者埃里克·莱斯的书。事实上，战略转向的意义并不在于增加200亿美元投入市场，而仅仅在于发现自己观念上的错误，并告诉自己重新再来。早期战略转向的含义是指检验假设。”

“我们经常说的‘战略转向’，其实际意思指的是‘重启’。近些年公司的重启时常发生，这是由于公司获得的资助不符合前期市场发展的水平。公司单纯地筹集资金，放弃承担责任或判断，并不清楚哪种产品与市场相匹配。如果一家公司必须选择重启，那么为什么不把钱还给投资者，让他们来决定是否对新理念再投资呢？”

实战提醒

作为一个创业者，你的个人特征并不是唯一重要的事，更重要的还包括你能按照规定做些什么。以下是成功创业者的几点思考和行动，均来自全世界同我们一起工作的创业者的经历。

将想法告诉别人。成功的创业者发现，他们可以将自己的想法告诉别人，从而获得完善想法的反馈。尤其可以获取竞争情报以及构建人际关系网，这些信息往往来自顾问或客户，能帮助他们将理论转化为现实。所以，把你的想法告诉别人吧。

> 硅谷最棒之处在于获得指导的途径很多。从公司员工到董事会、投资商、导师、朋友和其他专业人士。很多人的能力都在我之上。所以我从不会觉得找不到人来解决问题。
>
> ——菲尔·利宾，印象笔记与通用催化风险投资公司

广泛听取意见，不要随波逐流。当你把自己的想法告诉别人时，你会收获很多的批评、建议。但最终作为创业者的你要选择最好的前行道路。在与很多人交流想法时，你偶尔（或经常）会感觉备受打击，然而这会帮助你认清关键问题和关注点。同样地，这可以让你明白什么才是对你公司来说至关重要的事，而如何处理这些问题可能会阻碍你的成功。答案通常都很隐晦。你的工作是处理各种态度的反馈以及为下一步做打算。是你的公司以及市场在决定着你的对错。其他的都只是别人的想法而已。

亲近你的支持者。创业者在公司内外部都需要支持的声音。具有创业经验的团队成员对公司来说是无价之宝。他们具有实践经历，明白自己在做什么，而且他们

在维护自己的观点上有经验。公司外的支持者（导师或顾问）也是相当重要的，尤其体现在他们可以提供真诚的反馈以及（在合适的时机表现出）严厉的爱。

找到跟自己想法不同的人很重要，这样可以迫使你用不同的方式思考。有一位丹麦的创业者说过："如果我整天自言自语，那么我跟那些人（顾问和董事会成员）别无二致。但我不会这样做，所以我跟他们不同。"

作为一名创始人，你会遭受很多的挫折，其中很多问题你都可以和你的团队一起攻克。但也存在一些问题，是你作为创始人和CEO并不适合与所有人讨论的，这些问题可能包括如何处理人事问题以及如何面对自身的局限性和不确定性问题。在这种情况下，公司外部的顾问就显得尤为重要。找到值得你信任的人，对你的倾诉表示同情和理解，而且可以提出客观的建设性意见。

营造多样化。提到多样化，我们通常会想到年龄、宗教信仰、国籍、性取向、经济条件或教育背景等。对美国来说，尤其是硅谷，特征之一在于在此居住或工作的人来自世界各地。几乎半数的硅谷人口并不是出生在美国的，大家在这里用100多种语言交流。这种现象和其他地区高度的同质性和一致性形成了鲜明对比。在你的公司内部，工作经验的差异、领域专长的不同、技能的差别以及解决问题方式的多样化同等重要。

关于劳动力多样化的数据显示，那些倡导多样化的公司都表现出更高的生产率、更先进水平的创新能力以及更具有创意精神的问题解决途径。除此之外，具有更多样化团队的公司更能适应和响应市场需求。

我们与很多不怎么关注多样化的公司一起工作过，其中一家公司总是以片面的观点、故步自封的态度去解决关键的商业问题。整个团队很不愿意寻找或接受其他和自己相悖的理念。最终的结果，就是他们忽略了产品和市场的选择，错失了重要的提升和发展机会。

如果你想创建一家成功的公司，具有卓越的产品和坚实的领导团队，那么你一定要“求异存同”。在你的公司中营造多样化的氛围，让你的身边多一些具有不同背景、文化和经历的人。多样化一直在硅谷中续写着传奇。

行动至上。硅谷中充满了聪慧的智者和卓越的思想。事实上，很多人都有这样的经历，当看到某个新产品诞生或者新服务出现时，不禁会想：“我在好几年前就想到过这个！”好消息就是你认同这种新思想，坏消息就是你从未付诸实践。想法对硅谷来说毫无价值。它仅仅是一个开始，引导你发现正确的思想和产品，由此创建你的事业。思想的价值体现在你构建有价值的产品的具体步骤中，也体现在为产品开创市场的过程中。

对很多创业者来说，产品的构建会消耗大量的时间和精力。然而，产品开发是开始构建公司的第一步。频繁地开辟市场、验证市场、识别客户以及完成销售都需要消耗大量的时间和精力——这些比你构造最初产品的消耗更大。事实证明，成功并非易事。

> 为了让自己专注于公司的去向，你要忽略这些障碍。如果你在前进的道路上遭遇了不想碰的东西，那么就不要看，绕过它，你要去找你想去的地方，而不是你不想去的地方。”
>
> ——菲尔·利宾，印象笔记与通用催化风险投资公司

作为一位创业公司创始人，需要全身心投入，但即使这样也很容易分心或迷失自我。这就是我们鼓励创始人寻找值得信赖的顾问和导师的原因之一，他们可以提出有建设性的问题，提供客观的反馈以及使自己信念坚定。记住，不要闭门造车。

> 竞争的气息是那么的甜蜜。
>
> 安·温布莱德

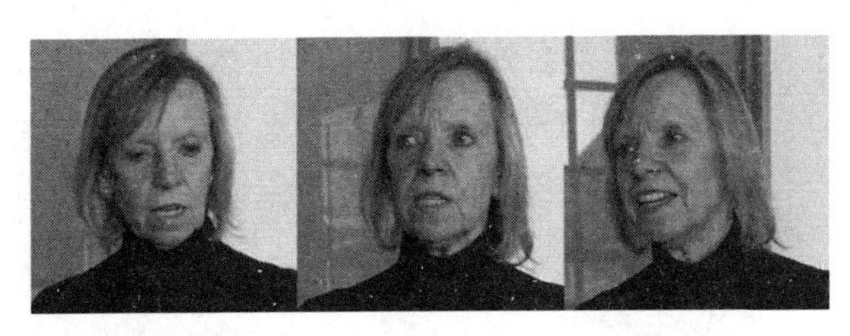

安·温布莱德

安·温布莱德是哈默—温布莱德风险投资公司创始人兼董事合伙人，该公司成立于1989年，是一家卓越的风投公司。

“哈默 – 温布莱德风险投资公司接手了很多成功的创业公司。我们每年都会扪心自问、自我反省——很多我们本该投资的公司现已成了大赢家。但很难确定的是，如果换成了不同的投资者，结果会不会有所改变。在投资者财团和创业者之间有着一种神奇的相互作用关系；投资者在创投早期阶段辅助创业者确定管理团队，这本身就是一桩关乎创业成败的大事。但谁知道呢？如果换我们作为投资者，说不定这些项目并不一定能取得巨大成功。”

“Net Manage公司[㊀]是我们曾经接手的公司之一。我们对公司CEO很有好感：在会议中，他一直通过电话接单。但我们担心竞争问题。所以我们打给了很多公司——发现微软公司有20个人在做同样的产品，同样地，太阳计算机系统（中国）有限公司有30个人在做，IBM有50个人在做。当我们回顾这件事的时候，发现以上三家公司

㊀ 一家提供IT服务和解决方案的公司。——译者注

投入了大量的资源来生产这一产品——然而毫无成果。与此同时，这位CEO却像卖煎饼一样销售着自己的产品。”

“你经常会发现，大牛们埋头苦干却不一定比创业者做得好。部分原因是，一旦创业者做出来一款产品，他们并不会直接丢给客户，告诉他们：‘我做完啦。’——这是微软、甲骨文和IBM的做法。创业者会继续满足客户的需求并完善产品。如果你未感觉到竞争对手在死死地盯着你，就说明你并不在畅销市场里名列前茅。竞争的气息是那么的甜蜜。”

学会拒绝。对很多创业公司来说，最难的事情就是对客户或投资者说不。但在很多情况下，学会拒绝是最合适的回应。

当你的产品市场很大而且具有很多跨地域和跨领域的潜在客户时，很多潜在的机会会显现出来，并超出了你当前的计划。很多机会与你近期的计划相违背，因此你要拒绝。在创业早期阶段，保持专注、遵守原则以及有选择性地取悦你最初的目标客户至关重要。

然而话虽如此，我们应该承认，市场较小的地区有时会迫使创业者变得更加投机——运用所有用得上的商机，这是由于在任何既定的市场分配中，消费者的数量都是有限的。

除此之外，还有另外一种需要说不的情况。我们发现公司都在试图尽快做好两件事。我们知道有一家公司半数的员工在研发软件产品，另外一半员工与其他公司谋求合作开发。单独来说，每家公司都本可以成功，但是统一组织起来时却面临前所未有的挑战。在事情的轻重缓急、资源分配以及经营不同公司采用的不同管理技巧上都会引起冲突。

位于森尼韦尔市的 Plug and Play 科技中心

学会拒绝，绝非易事。

——达尼洛·列奥（Danilo Leao）

达尼洛·列奥

达尼洛·列奥是BovControl[㊀]的创始人、CEO，BovControl是一家巴西公司，为牛饲养业提供创新的解决方案。

“我访问过硅谷几次，在硅谷的最佳实践中，我学到了很多。比如，我学会了说‘不’。”

“为什么说‘不’很难？我每天都会感到有压力。我不想失去任何一个机会，但如果与我的战略不一致，我就会放弃。我遇到过一个客户，要我们公司为他定制产品——一项并不在未来两个季度发展蓝图之内的工程。我拒绝了他。之后一家风险投资公司要给我们投资更多的资金来完成。如果我接受了，产权就会大大削弱。我又一次拒绝了——而接受了另一个资助少的投资者。”

学会适应不确定性。当你创建一家公司时，不确定因素有很多，而且它们引发的问题往往比解决办法多很多。一家创业公司三个月后的走向很难预测，更不用说三年了。你需要对公司未来拟取得的成就发挥想象、制订计划，要认识到你的计划在这三年里很有可能会改变。尽管你的预期很可能并不准确，但制订计划、形成基本假设以及树立关键的商业发展标志和里程碑仍有价值。

㊀ Bov Control是一个数据收集和分析工具，它使用RFID（无线射频技术）和云计算技术，追踪不同的农业因素和数据点，牧场主可根据数据转译成的信息做出更佳的农业生产决定，从而提高肉类、牛奶等产品的产量。——译者注

完成具体形象的指标更容易一些。经验丰富的创业者都明白，最初的商业理念和计划仅仅是一个起点；最终，商业会以不可预知的方式改变。

考虑到未来并不明朗，创业者需要适应这一事实，即他们永远都没有充足的信息来做最明智的决定。我们之前遇到过一位巴西的创始人，他一直在调查、研究并为公司开发了不同的业务方案。问题是他从来没有充足的信息——他也没有在要求的时间框架内搜集足够的信息来做决定。他的无能导致公司处于一种长期的停滞状态。

一切都在改变。无论确定性的成分有多少，都很难预测未来。然而，一旦你接受充满了不确定性的创业之路，抉择和前行就都会变得更加轻松。承认自己并不是无所不知，这是成为创业者的条件之一。

为什么缔结联盟很重要

缔结联盟至关重要，这对一家创业公司的成败意义不同。缔结联盟也是一个在创业者创立公司时不愿花很多时间思考的话题。我们所说的缔结联盟，既包括公司内部缔结联盟（创始人与核心团队缔结联盟），又包括与公司外部缔结联盟——与客户、合作伙伴以及投资者缔结联盟。硅谷能清醒地看到经常发生联盟失策的地方。

我们来看一看以下 8 个关键领域。

愿景。缔结联盟要从愿景开始。一家公司的愿景要清楚明朗，并经过彻底的思考，每个团队成员都要拥有和公司一样的愿景。这是公司开发产品、打入市场、筹集资金以及获得成功的重要基础。

我们遇到过一个巴西的创业团队，他们具有非常棒的产品和千载难逢的市场机遇。然而，公司其中的两个创始人打算开发一种可持续增长的业务，另外一个却想“只赚快钱”。他们之间的分歧使团队分裂，而且消耗了市场验证过程的宝贵时间。最后，“只赚快钱”先生离开了公司。很明显，创始人之间最初对公司的愿景联盟是失策的。他们的内动力和愿景在最后阶段分崩离析——在团队不聚焦，有如一盘散沙的情况下，他们几乎失去了在充满前景的市场中大展身手的机会。

产品与市场匹配度。很多创业公司一直在产品与市场匹配度上下功夫——即使在硅谷中这也是一件极难确定的事情。为迎合市场而调整产品，这意味着寻找此刻需要产品的客户，并且愿意今天就要从一个销售记录有限或者根本不存在销售记录的不知名的创业公司手中花钱购买它的产品。确定产品与市场的匹配度是一个反复试验的过程。下面就是这个过程的步骤。

- **步骤1：识别。**很多创业公司开始创业都是先提出问题，引出自己的产品，作为整个市场的潜在解决方案。理想情况是，你已经跟很多人谈论过这个问题，验证出这是一个具有巨大市场潜力的重要问题。
- **步骤2：创建与验证。**在创业团队构造出产品的简化版本之后，CEO尽快和那些被团队认为是最初的理想客户的人交流讨论。这一过程要花费很多时间，一次次地讨论需要确定的合适产品与市场匹配度。经过深思熟虑的团队要尽早将产品与市场匹配度问题的结论告诉客户。另外，认为每个人都是客户的创业公司经常会努力寻找真正关心他们产品的客户。
- **步骤3：审查与评估。**团队通过市场反馈来改善产品，或者重新定义最初的目标客户。之后，他们会重新投入市场观察能否销售成功。
- **步骤4：倾听与识别模式。**如果目标客户并不买账，那么团队要花时间倾听他们的异议并识别关于特定市场匹配度低的循环模式。一旦发现他们在对不合适的客户销售产品，就回到步骤3。

在理想世界中，你会在第一时间取得进展。然而，在现实世界中，通常需要大量地重复步骤3和步骤4。最好尽早完成重复试验过程。找到合适的人选，融资会变得更加容易，估值也会更高。

我们还发现，如果团队拥有某个领域专家的意见，他们往往会更快地获得正确的产品/市场契合度。当今的企业和企业客户比以往任何时候都具备更多的专业知识。他们总会积极主动地识别技术和产品，解决问题以满足需求。为了充分利用这些有见识且精明的潜在客户，首先一定要生产合适的产品，其次还需要团队拥有较强的专业领域知识。

献身。创业是一项艰难的工作。完成这一过程需要很长时间，要灵活地面对不可避免的艰难曲折并实现自给自足。创始人、合伙人和团队成员都必须献身于公司。这是否意味着你要将生命中的其他部分搁置？这是有可能的。

> 没人说过，创业者既能开办一家公司，也能掌控好生活中的所有事情。
>
> ——克里斯·叶，PBWorks 公司

我们了解到，创业者试图同时和几家公司进行合作。杰克·多西就是一个例子。他是陷入困境的上市公司推特的首席执行官，现在还是上市公司 Square[㊀]的首席执行官。这样的安排对两家公司来说都没有好处。团队中任何一

㊀ 美国的一家移动支付公司。Square 用户（消费者或商家）利用其移动读卡器，配合使用智能手机，可以在任何 3G 或 WiFi 网络状态下通过匹配应用程序来刷卡消费。——译者注

个成员缺乏 100% 的献身投入都是创业失败的关键原因。

作为一名企业家，你需要心甘情愿地让自己的双手变脏，并认识到没有人会为你做这件事。尽管有很多可用的资源——孵化器、加速器、导师和顾问，但最终还是要你为公司发生的事负责。例如，虽然有人可以为你介绍，但建立你自己的人际关系网的唯一途径是亲自参加一些活动和会议。在销售过程中也是如此。

你需要在建立渠道、销售产品、达成交易和客户服务方面有自己的目标。没有人会为你做这些事。(查看构建和管理网络的基础流程，请参阅第 3 章)。

即使是硅谷中的公司，筹集资金都是一个漫长而艰难的过程，有时甚至很曲折。你可能会通过别人推荐，或者在会议、社交活动中见到投资者。但要在合适的风险投资公司中找到合适的合作伙伴来完成一轮融资，需要大量的时间、精力、毅力和运气。虽然你必须在这个过程中发挥领导作用，但是整个团队也需要一起朝这个目标努力工作。

> 我们拥有世界上最聪明的人，而且他们比任何人都努力工作。看看红杉资本的合伙人，他们每周工作 6 ～ 7 天，每天工作 12 ～ 15 个小时。
>
> ——德里克 · 安德森，创业磨坊

角色和责任。成功取决于确保拥有专业技能的合适的人才处于公司的正确位置上。在初始阶段，随着公司的发展和壮大，决定任务分配即由谁来负责哪方面工作是非常重要的任务。我们经常看到由于几位创始人的角色与他们的职责没有完成联盟对接，从而导致创业和融资方面出现问题。记住，每个人在公司里持有的股票数量与角色和责任没有任何关系。

要考虑到使公司成功所需的所有技能、经验和专业知识。你的团队有哪些漏洞？你能从承包商、导师和顾问那里获得专业知识吗？你是否需要聘请另一位创始人，才能积累到必要的技能呢？目前的团队能在一起高效工作吗？尽早明确角色和责任有助于确立公司未来的基调和文化。

> 首席执行官很容易被困在负责工程和产品开发的首席技术官（CTO）的角色中，因为产品的完成是无限期的。你需要将同样的精力和资源投入到开发用户、营销和销售中。创业公司会改变，CEO 也需要改变，CEO 们需要去适应这种改变并且更加灵活才行。”
>
> ——巴拉兹·法拉格，Real5D

几年前，我们曾与一位首席执行官新手共事，他不清楚首席执行官的职责是管理业务，而董事会的职责是提供监督和建议。这位首席执行官将董事会的建议作为指示，最终使董事会成员和管理团队变得一团混乱。其实，当首席执行官与董事会会面时，他应该说：“我非常感谢你们提出建议，我会根据你们的建议得出最终决定。”

确保他们是你真正需要的对的人。

——瑞秋·法勒（Rachel Faller）

瑞秋·法勒

瑞秋·法勒是时尚品牌 Tonlé Design 的创始人兼创意总监，该公司位于柬埔寨首都金边，倡导零浪费和公平贸易。她有一个愿景，在柬埔寨创造一个零浪费的时尚标签，主要是由回收材料制成服装和配饰。如今，这一愿景已成为现实。与典型的服装厂相比，她的整个生产过程都不存在浪费，而其他工厂的平均浪费率高达 40%。

虽然法勒现在是 Tonlé Design 唯一的创始人，但最初她还有其他的合作伙伴。她讲述了在她试图建立自己的公司时，许多与合作伙伴未达成一致性联盟的地方都产生了问题。她在这一阶段得到的经验都与公司能继续成长息息相关。

“当我在寻找合适的人选加入团队时，我想找到那些关心我所关心事物的女性合作伙伴。我所关心的，不是收益上的数字，也不是为了确保合作关系能创造良好的商业意义，而是公司的社会意义。”

“即使公司更多地偏向社会事业，但对合作伙伴进行适当的尽职调查也是非常重要的。另外，我发现，想要了解一个人，在其工作中及工作外进行接触，或提前和他们一起工作，这些都是不错的主意。这样在与他们进入合作关系之前，我可以评估他们的工作动态。”

“如果你是在和一个以合伙人或董事会成员身份进入你公司的人打交道，即他有获得股权没有重要的贡献，那么有一个转归期是非常重要的。你需要了解那些正在投资他们的时间或无形资源的人的真实价值。确保股权分配可以正确地提升价值。”

“在我进入这样的合作关系时，我个人感到非常的不知所措。我压力很大，判断也很模糊，我感觉我已经遍体鳞伤了，我很需要帮助。当你走投无路或者感觉最糟糕的时候，千万不要进行交易。你是不会做出好的决定的，因为对方已经占了上风。当你处于这种情况下时，你永远都别想要达成交易。”

“我希望在柬埔寨拥有一个联合创始人，但在经历了两种不同的伙伴关系之后，我希望确保他就是合适的人选。”

决策制定。制定决策不是一个达成共识的过程，也并不基于团队成员的股票持有量。团队必须清楚决策是如何做出的，并要认识到应由首席执行官做最后决定，且由他负责。一旦达成一致性联盟，决策过程是如何运作的以及团队需要投入多少都是由公司管理层来解决的。

最后，需要及时地做出决策。尽管大多数人希望等到信息收集完整之后再做决定，但等待太过奢侈，大多数创业公司承受不起。

时机。及时做出决策，并清晰地传达给公司员工，是团队中达成一致性联盟的关键步骤。在思考时机这一问题时，有三个重要的问题要问自己：决策是及时做出的吗？什么时候该采取行动？需要多长时间？我们看到，在等待收集更多或更好的信息时，创业者们常常会陷入迷茫的情绪中、无法或不愿做出决定。这可能会严重打击士气。

那么，什么时候采取行动来扩张进入一个新的市场，或者什么时候雇用新的员工呢？在做出决定之前，可以通过理解、确认和仔细考虑任何潜在问题来达成一致性联盟，然后做出决定，并向团队清晰地表达你的看法。

投资者会寻找那些懂得把握时机的创业者。他们往往想知道，要创建产品、获得客户以及最终通过公司销售或公开出售的方式获得流动资金，需要多长时间。

另外，你必须确保团队真的对工作投入了一定的时间。没有什么比团队中一个重要成员在两年后的离开更会让公司信誉受损的了，因为这表明他已经对公司失去了兴趣。投资者并不希望这样的事情发生，如果公司创始人离开公司加入别的公司或开创新公司，那么潜在的投资者甚至可能会错过你的公司。尽管硅谷规模庞大，但它仍然是一个非常小的地方，投资者们都与硅谷合作多年了。

退出策略。虽然公司清偿事件的确切结果和时间都会受环境影响，但管理层和投资者必须在该公司将提高多少资本，如何构建它的组织以及判断清偿事件何时最有可能发生这几方面达成一致性联盟。实际上，根据当前的市场状况、竞争环境和公司的逐步提升，这个计划会被定期更新。

Southern Cross 合伙公司的约翰·斯卡利指出，在与投资者交谈时，要明确时间安排的重要性。如果投资者能期望一家公司在 3 ～ 4 年的时间里获得流动性就已经很好了，除非它真的需要 2 倍的时间。即使是在那些倾向于较短投资时间的天使投资者中，斯卡利也看到了天使们“耐心赚钱”的例子，即如果这个时间段是最初计划的一部分，他们就会等待5～7年取得回报。

我们遇到的大多数创业者创建公司都是为了产生影响，然而现实是，投资者和管理团队都希望该公司在某一时刻能够找到一条通向流动性的道路，这条道路可以是首次公开募股（IPO），也可以是更频繁地收购。我们遇到过很多创业者，他们还没有找到一种获得流动资产的切实可行的方法。

他们不知道谁想要收购他们，也不知道如何让公司利益最大化。投资者总是在考虑退出策略的情况下做生意。创业者也需要这样做。

工作风格和文化。每家公司都有自己独特的工作风格和文化。虽然文化不确切，但文化需要与公司的价值观和经营风格达成一致性联盟；更重要的是，它需要符合你的目标客户群体的价值观。因此，如果你向首席财务官销售产品，那么你可能想要建立一种专注于财务指标的文化；而如果你将产品卖给人力资源专业人士，那么通过建立一种强调合作销售方式的文化可能会效果更好。团队的举止、个性和沟通风格也需要与目标市场达成一致性联盟。

公司失败的原因

硅谷以成功而闻名，而不是失败。然而，了解创业失败的原因可以帮助你避免创业失败。在硅谷，我们公开谈论的失败是试验的一部分，有时甚至是试验的最终结果。无论是在硅谷内部还是外部，没有人真正知道相比那些成功的公司有多少公司失败了，有更多成功的公司，是因为有更多失败的公司吗？与其他地区相比，我们的成功率又是多少呢？

> 大多数创业公司死于自杀，而非他杀。
>
> ——www.insight.vc

大量的统计数据显示了硅谷商业界目前接受天使投资或风险投资的公司数量，以及风险投资投资于每家公司的资金数额。个人风险投资公司在它们自己的档案中也有关于破产公司的数据，但是没有关于每年启动公司和破产公司的数量的完整数据。因此，我们只能猜测硅谷到底有多好。公平地说，在那些在硅谷获得成功的公司中，许多公司比世界上其他地区的公司更成功。实际上，这种概括意义也被中国阿里巴巴和腾讯等国际公司的成功所削弱。

尽管大多数风险投资者会承认，他们投资的公司并不是所有都是成功的，他们经常不约而同地对那些失败轻描淡写。那些已经破产的公司通常会从风投网站上的投资名单中消失。通常情况下，当一家公司以低于投入资本或没有投资回报的价格被出售时，投资者会表示该公司“被出售”，这意味着它是一项成功的投资。创业者有时也会玩同样的游戏。“我们的公司以 1 亿美元的价格被出售”听起来像是创始人的一个伟大胜利。但如果投资者因为他们股票的清算条款，更偏好于对他们最初的 9000 万～ 1 亿美元进行担保，那么这些投资者基本上得到了出售的所有收益，而创业者和管理团队没有得到任何有意义的金融收益。

那么，为什么公司会失败呢？简单的回答是，他们的钱已经用光了，不管他们做什么都没有用了；或者起作用了，但不像预期的那样成功或快速；再或者，该公司需要更多的投资资金但筹集不到。要了解硅谷和创业生态系统，深入研究创业公司失败的一些潜在原因是很重要的。

CB Insights（www.cbinsights.com）的分析师追踪并报道了 100 多家失败的创业公司。毫不奇怪，只有少数公司是在生产产品上失败的。大多数失败是由于产品 / 市场的不匹配，或者是创始团队有问题。参见图表“创业失败的 20 个原因：101 家创业公司倒闭”，该图表说明了公司失败的最主要原因。

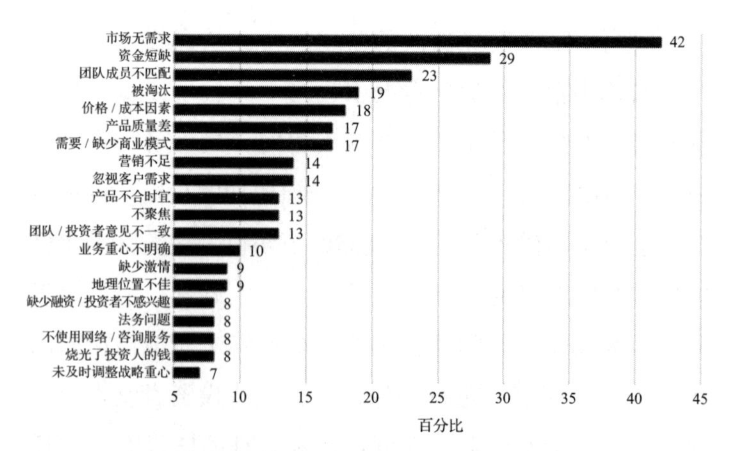

创业失败的 20 个原因：101 家创业公司倒闭

以下是来自 CB Insights 报告的几个值得注意的结论：

- 一家初创公司是否破产其实很难确定，因为许多公司多年来一直以类似于僵尸的方式苟延残喘着，但没有任何明显的市场吸引力。
- 我们倾向于吹捧那些价值 10 亿美元的出口，而且很少听到它们失败的消息。博客名为“一只聪明的熊”（http://blog.asmartbear.com）的杰森·科恩（Jason Cohen）指出：“事实上，你从成功中学到的只是一个超乎你想象的深层次问题。”
- 自 2010 年以来，每年失败的初创公司中约有 70% 为互联网行业。

- 移动行业有更大的波动性，而其份额远远超过破产公司。
- 移动领域人才是非常令人垂涎的，他们严格按照该公司员工的专业能力进行人才收购。在人才收购中，收购公司主要看员工在本公司的工作经验而不是创业公司的产品或客户基础。
- 许多公司在倒闭前能筹集大量的资金。事实上，公司破产前的平均融资额是 1130 万美元。

以下内容是公司失败的原因总结，它们均是个人陈述，来源于博客、推特和与这些失败公司密切相关的文章。该内容提供了一些重要见解。

- **创始人问题：**创始人不一致和意见不合。
- **产品 / 市场契合度：**产品不是人们想要的，错误的方法或错误的目标市场。
- **时机：**过早扩张或过早进入市场。
- **进入市场的问题：**没有解决分销问题。

风投人喜欢那些尝过失败滋味的人。

——马丁 · 皮切森，Agency iP

让硅谷从根本上与众不同的是那些在这里工作的人对失败的态度。这里的失败指的是失败的公司，而不是个人。我们知道，许多失败原因都在企业家的控制之外。因此，除非创业者做了一些非常愚蠢的事情（这确实发生了），否则创业公司会将失败看作一种试验，而不是个人的纰漏和失败。即使是美国的法律也支持这一观点。当一家公司破产时，无论是投资者还是创始人都不用对公司所欠的债务负责。承担风险和失败都是在创业过程中进行试验所不可或缺的一部分；没有经历过它们，你不可能获得成功。

在硅谷，我们不关心失败，我们只关注成功。当我们把失败看作能学习到一种有价值的规避失败的方法时，我们就不会把时间和精力真的花在失败本身或者失败的原因上。最重要的是，失败的可能性并不能阻止我们努力获得成功，这是硅谷最保守的秘密之一。

第 7 章

愚蠢的硅谷

他们告诉我们永远不要低估创业者的聪明程度，所以我们不会这么做。虽然我们认为这一章有很多重要的信息，但你可能已经非常了解硅谷了。你已经巧妙地避开了天花乱坠的宣传，你很清楚什么是真正的硅谷，什么不是，对吧？让我们来看一看。这里有一个小测试，你可以用来测试自己的能力。如果分数超过 90%（这个门槛非常高），那么你就可以跳过这一章。但如果分数低，那么请你继续读下去。

测验：对或错

1. 在硅谷很容易取得成功。

2. 热情的介绍可保证你交易成功。

3. 在硅谷很容易筹到钱。

4. 美国的市场规模大、同质化、易开拓。

5. 我们的创业公司没有竞争对手。

6. 风险投资人是绝对可靠的神一般的存在。

7. 硅谷总是正确的。

8. 胜利会为你带来更多成功。

9. 成功之路畅通无阻。

10. 你需要完美的推荐。

11. 每一种事物的售价都是10亿美元或更多。

12. 它不是硅谷，而是“愚蠢的硅谷”，这里也会发生一些愚蠢的事情。

答案：除了12，所有的都是假的。如果你不止有一个错误答案，那么继续读下去。如果你获得了完美的分数，那么请跳过这一章，专注于所需即可！

我们发现：离硅谷越远，你对硅谷的认识就存在越多的错误信息，还有一些故事和奇闻轶事，而这些并不一定能反映出这里的真实情况。特别是，有一种异想天开的传言，说硅谷充满了成功的创业公司，并且所有这些创业公司都获得了风险投资。那么，下面我们将解析最常见的错误观念，这样你就能更准确地了解到什么是真实，什么是假象。

1. 在硅谷很容易取得成功

也许，在硅谷比在世界上其他地方更容易获得成功。但是，对于每一家成功的创业公司来说，也许都要经历成百上千次失败，还有更多的公司正在努力争取客户的支持。

在一个特定领域内的可见性、惯性、收入增长、市场份额和盈利能力都被用来衡量一家公司是否成功。一些创业者将成功定义为建立起一家家喻户晓的公司，不管它是否盈利，甚至是否有明显的收入；另一些人则认为拥有100万个用户本身就很有价值。我们不同意这两种观点。如果没有办法将这些百万用户的注意力变现，那么他们的价值就有待商榷。

在硅谷或者说在美国，销售创业公司都面临着复杂的销售流程、愤世嫉俗的客户以及竞争激烈的环境。大型公司的销售流程可能非常复杂，许多高级管理人员都参与了购买决策。此外，客户可能对初创公司关于产品性能的说法表示怀疑。虽然一款新产品可能比现有产品的速度快50倍或者更便宜，但它只要经历5次改进，创业公司就往往会获得更大的可信度，而且足以销售成功。

我们经常听到硅谷以外的创业者的声音：“如果我如

此聪明，我的产品也如此酷，那么为什么不能让每个人都想买它呢?”答案很简单：你的产品往往不像市场需求那样引人注目，也不像别的10个、20个或30个竞争对手的产品那样具有竞争力。此外，尽管美国客户愿意从非本地的公司中购买产品，但这些初创公司也需要提供一定水平的服务，包括售后服务，并提供一些可以挑战非本地公司的产品。

2. 热情的介绍可保证你交易成功

硅谷采用精英管理制度，根据产品的质量及与客户需求的符合程度来获得最终评判结果。虽然介绍是必不可少的，但是客户的购买意愿主要基于他们问题的严重性和产品真正实现价值的能力。因此，虽然关系和介绍很重要，但你应该只把它们看作谈成合作的起点。

在筹集资金时，优才制度的原则同样适用。因此，尽管律师或导师可以向投资者介绍初创公司，但投资决定很少是基于他们的推荐而做出的。

因此，当你想要获得客户或融资时，你不能也不应该仅仅依靠这些内部人士的关系。没有人能认识所有合适的人，而且律师或顾问也只有在他们认为有必要时才会进行推荐。

如果在我看来该投资者将不会投资，我就不会向他介绍创业家。

——德里克·安德森，创业磨坊

3. 在硅谷很容易筹到钱

有人天真地认为，硅谷所有创业公司的创始人已经成功地筹集了风险资本，而且任何一家获得风险投资的创业公司都能获得成功。可现实是硅谷的数千家公司很少能够真正筹集到风险资本。考虑以下数据：在 2013 年，只有不到 350 家公司在首轮融资中获得了风投公司的融资。这些只是在硅谷寻找投资的公司中的一小部分。（我们也承认，许多创业公司从朋友、家庭和天使投资人那里筹集到资金，而这些没有反映在上面的数据中。）

那些从风投人那里筹集资金的公司不能保证它们一定会成功。在典型的风险投资组合中，投资者通常预期在他们投资的每 15 家公司中有一两家会成功。（这里的成功指的是获得的回报比原来的投资高出 10 倍甚至更多。）投资者的投资组合内至少有一半的公司将会损失所有的钱，他们在剩下的公司中的每一美元投资能得到 10 美分～ 2 美元的回报就很幸运了。

大多数创业者并不了解，硅谷的绝大多数风险投资是投资于那些在市场上取得了一定进展的成长型公司，而不是早期的初创公司。如今，这些公司包括 Dropbox、Box[㊀]、优步、来福车和爱彼迎等公司。

筹集资金并不容易。从天使投资人那里筹集资金有时比从传统的风投人那里筹集资金要困难得多。这是因为很多天使投资人把他们的个人资产投资到了一种单个的风险投资中，而不是投资组合中。天使投资人通常不愿意领导一轮投资，因为这表明要为公司股票设定每股价格，并获得在董事会中的地位；大多数天使投资人更喜欢让传统风险投资人来承担这些角色。尽管有这些因素，但天使投资人确实是初创公司的资本来源，经常支持那些与他们密切联系的创业者。

虽然一些美国风投公司能够而且确实投资了非硅谷和非美国本土的公司。但是大多数风投公司倾向于投资在硅谷拥有管理团队的公司，因为这些公司至少初步迈进了美国市场。一些有专门资金用于国际投资的风投公司通常要求一个或更多个创业公司的管理团队在硅谷度过一段时间。当然也有例外，但非美国本土公司在这里筹集资金更加困难。

㊀ 一个企业内容管理平台，可以解决简单而复杂的挑战，从共享和访问移动设备上的文件到复杂的业务流程，如数据治理和保留。——译者注

4. 美国的市场规模大、同质化、易开拓

对许多创业公司来说，与世界上其他地方的市场相比，美国代表着一个巨大的市场机遇。在美国，尤其是在硅谷，很多客户都愿意从创业公司购买产品。

虽然美国拥有着单一货币和全球通用语言的优势，但对于大多数创业公司来说，这实际上是一个非常具有挑战性的市场。这里有 25 ～ 30 个主要都市市场；在旧金山和纽约做生意的风格很不一样，而纽约和达拉斯又不一样。此外，在美国市场，创业公司面临着许多直面竞争的挑战，知识渊博、经验丰富的买家正在积极寻找最好的产品，并要求高质量的服务和支持。要想获得成功，公司必须有充足的资金支持，推出经过深思熟虑制订出来的正式的上市计划，再加上适当的时机，恰当地加以利用才可以。

很多人对于硅谷和美国其他地区之间的距离存在很多误解。例如，有些人惊讶地发现，从旧金山到纽约或波士顿，需要一整天的时间（包括登机和时区变化）。虽然像丹佛这样的地方可能是美国西部的一部分，但它离硅谷并不近。事实上，丹佛到硅谷的距离与它到北爱尔兰的贝尔法斯特、意大利的罗马之间的距离是一样的。而如果他们的主要市场在贝尔法斯特，那么没有人会把他们的公司总部设在罗马。

许多想直接向美国客户销售产品的创业者发现，由于建立直销和支持团队的成本和复杂性，他们面临着相当大的挑战。这种情况经常导致创业公司去寻找销售代理。这并不是一个好的选择。我们发现，大多数制造商的销售代表是三流的，他们既缺乏地理上的影响力，又缺乏建立大型公司的能力，尤其是在技术方面。

许多创业公司对与大公司合作非常感兴趣，因为可以以此来提高销售额和市场份额。但通常情况下，创业公司还没有准备好进入这一环节，四个关键标准决定了创业公司是否做好了与大公司合作的准备。首先，该产品必须经过充分的开发、测试和验证，能像承诺的那样无懈可击。其次，产品的价值定位必须与其目标市场相契合。再次，公司必须清楚其客户概况，并且一定要知道如何根据这些经验向客户销售产品。（当然，目标客户应该是即将要合作的大公司能够成功拿下的客户。）最后，大公司愿意将大量资金和人力提供给合作伙伴。好消息是，许多大公司有兴趣且愿意承诺如此。坏消息是，一个创业团队可能会被大公司的需求压得喘不过气来，尤其是当大公司中的团队比整个创业团队大得多的时候。

我们遇到了一家新加坡创业公司的首席执行官，他有兴趣与IBM或普华永道这样的大型系统集成商合作，将产品卖给大型公司。但问题是，创业团队不知道他们的目标客户是谁，也没有向大型公司销售的经验。通过与合作伙伴合作，创业公司希望大公司可以替自己做这些工作。然而，合作伙伴的表现并不合他们的意。在合同签约之前，大公司需要创业团队定位目标市场并进行销售。大公司合作伙伴通常可以为你带来有价值的推荐，提供信誉保障，并协助销售，但是它们不会替你做前期推销或确定目标客户。这是创业公司该做的工作。

对于那些想要与美国大公司合作且所在地区有大公司的子公司的创业公司，与子公司建立起最初的联系，并将其作为自己在总部的拥护者，是非常重要的。如果没有做到这一步，一些大型的美国公司是不会与创业公司讨论合作或投资的。

5. 我们的创业公司没有竞争对手

对于那些计划在自己的地区经营业务的创业者来说，了解当地的竞争局势可能已经足够了，因为大型的全球创业者在你的市场上并不活跃。然而，对于希望在全球范围内扩张（包括进入美国）的公司来说，对全球的竞争局势进行全面分析和理解是十分必要的，但这一点经常被忽视。我们是怎么知道的？不充分进行竞争分析的表现如下：

- 不能识别直接竞争对手以及更重要的间接竞争对手，之所以说他们更加重要，是因为他们可以提供不同的方法来解决客户的问题。
- 低估大型跨国公司进入创业公司区域的能力。今天，许多B2C公司没有国界，就像色拉布（Snapchat）[⊖]、脸书和推特。
- 在分析竞争时，只关注产品特性和功能。让你的公司从竞争对手中脱颖而出且使你的业务增值的办法之一，就是不要只关注产品或产品特性。我们已经看到，公司通过专注于关键的垂直市场和深入了解客户的需求及“痛点”获得了成功。这些公司正在继续扩大市场份额、增加可见性，以及拓展其垂直细分市场。它们这样做，创造了一个针对竞争对手的防御屏障。

6. 风险投资人是绝对可靠的神一般的存在

很多风险投资人都很聪明，人脉也很广。没错，但这并不意味着他们一直都是正确的。他们愿意承担风险，明白只有一小部分的投资将会成功。但他们也知道，在那些成功的投资中，有一些风险投资的回报会是初期资

⊖ 由两名斯坦福大学学生开发的一款“阅后即焚”照片分享应用。——译者注

本的很多倍。

单靠风险投资并不能保证一家公司的成功。同样，缺乏风险投资也并不意味着公司不会成功或不能成功。许多公司在没有早期风险投资的情况下都成功了，其中包括 Braintree、GitHub、Atlassian 和邮件猩猩。[㊀]许多风投人错过了去投资这样一些非常成功的公司的机会。

我现在也还会看那封电子邮件，只是为了不断地提醒自己。

——戴维·李

戴维·李

戴维·李是韩国 SK 电讯公司的合资伙伴、韩国首尔早期创业加速者、KStartup 的联合创始人。他也是 Y

㊀ GitHub 是一个代码托管平台和开发者社区，创业公司可以用它来托管软件项目，开源项目可以免费托管，私有项目需付费。Atlassian 是澳大利亚的一家企业软件公司，设计发布针对软件开发工程师和项目经理的企业软件；2017 年 1 月 10 日宣布，将以 4.25 亿美元的估值收购协作服务 Trello。——译者注

Combinator 和硅谷天使投资人的有限责任合伙人。

“我错过了在其他交易中与合作伙伴再次合作的机会，他的新想法是开发 Tote 应用程序，他一直为之努力是因为他的女朋友非常喜欢时尚和服装，可他没有零售或时尚经验。我要了一份商业计划书。他给我发了一个提纲，一份有几张照片的 Word 文档。我并没有真正去做，但我表现得很有礼貌，使他一直以为我感兴趣。那时他还没有一个合作伙伴，所以我完全有机会紧密地与他合作，可我并没有在意。但他很有毅力，发了一封又一封的邮件。又一年过去了，他继续追求“亲密的合作关系”，他说他找到了一位合伙人，他打算以 150 万美元的价格完成一小轮融资。我拒绝了这笔交易，并祝他一切顺利。他的名字叫本·西尔弗曼。之后，虽然仍在他的关系链中，但我看到，他改了公司的名字——品趣志[㊀]。我至今还会读那封电子邮件，就是为了给我自己一个警示。”

我不仅拒绝了优步两次，而且我拒绝了来福车，它们中的任何一个都可能是我一直以来最好的投资。

——戴夫·麦克卢尔，500 Startups

㊀ 品趣志，全球热门社交网站，堪称图片版的推特。——译者注

我们建议你去看看柏尚风险投资公司（Bessemer Ventures）网站，在那里你可以看到一长串该公司决定不投资的公司名单（见附录A）。这个列表证明，即使是聪明的投资者有时也会错过好的投资交易。

现如今刮起了复古风

关于风险投资的漫画在1997～2000年开始风靡，今天看起来仍不过时。

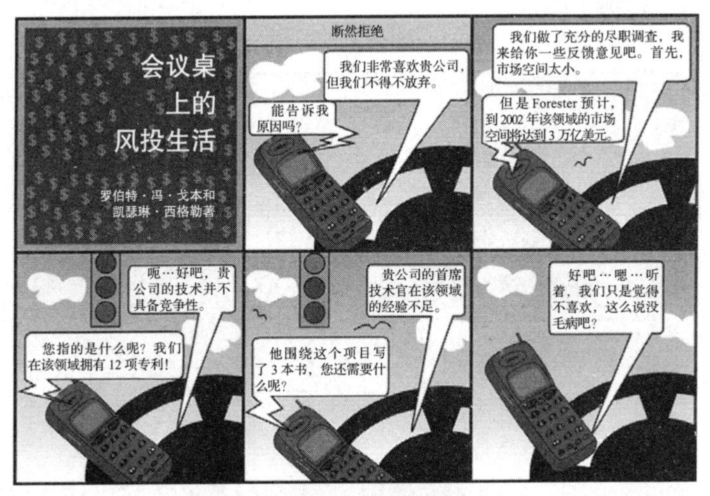

7. 硅谷总是正确的

硅谷包含了一个新的想法或技术，有投资者投资并不意味着这个想法或技术将会成功。Webvan就是一个很好的例子。在20世纪90年代末，Webvan筹集了10多亿美元，以改变其杂货业务。投资者认为，通过提供一个全面的交付服务，Webvan 可以改变消费者的行为。事实证明他们错了。Webvan 采用的模型是建立自己的商店和分销中心，但这在当时是没有效益的。如今，许多公司包括谷歌、亚马逊和 Instacart[㊀]都在食品杂货递送业务上呈上升趋势。

现如今刮起了复古风

关于风险投资的漫画在 1997 ～ 2000 年开始风靡，今天看起来仍不过时。

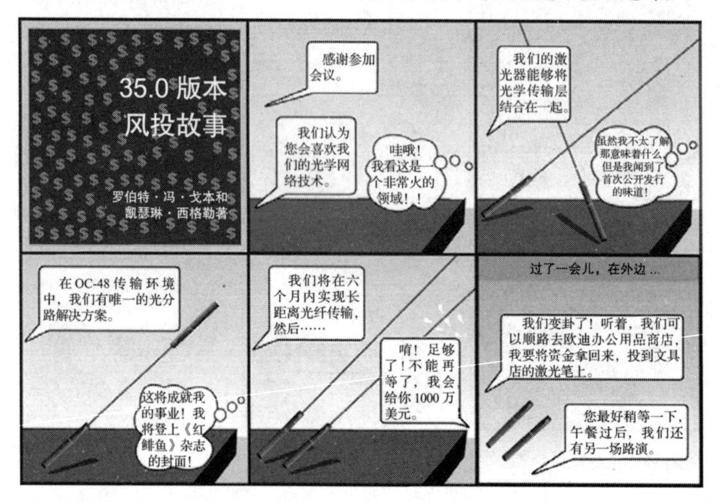

版权归罗伯特·冯·戈本和凯瑟琳·西格勒所有。更多信息请登录 www.thevc.com。

还有许多其他的例子。虽然今天硅谷的一切似乎都与移动、社交和软件运营服务有关，但仍有许多公司在

㊀ 美国日杂 O2O 初创公司，成立于 2012 年 6 月，从成立开始就立足于移动端，最早只有 iPhone 客户端，到后来加上了安卓客户端和网页版网站。——译者注

出售老式的、基于服务器的企业软件，很多人认为这样的企业软件是古老到像恐龙一样的存在。硅谷以外的人都认识不到的是，一个看似新兴的趋势很可能会成为另一个失败的试验。不能因为我们在试验某样东西就意味着它会起作用。同样，仅仅因为是当今的趋势就认为它一定是正确的，这样的观点也是不对的。

硅谷的缺点在于从众心理。

——乔 · 肯尼迪

乔 · 肯尼迪

乔 · 肯尼迪令即将失败的公司起死回生，后来成就了 Pandora。该音乐共享网站于 2011 年上市，估值超过 30 亿美元。他目前是该公司的名誉主席。

“在创业有所起色之前，硅谷是非常节俭的。”你能筹集到一点点的资金继续摸索前行，但你必须十分节俭地运营。然而，一旦你证明了你项目的可实施性，你就有足够的资本来发展你的事业。”

“大公司的问题是，在项目展示出优势之前，它们就会假定一个赢家，或者它们太吝啬，所以都没有成功的机会。”

“硅谷的缺点在于其从众心理。在某种程度上，这是不理智的。当投资环境良好时，硅谷投资很多；但在艰难时期，硅谷的投资就不够。达到清偿能力所需的时间常常会与商业周期脱节。”

---

8. 胜利会为你带来更多成功

仅仅因为某人在 ××× （随便选一个公司的名字）工作，并不意味着那个人就在公司的成功中起了重要作用。也不意味着如果他加入另一家公司，他的方式必然会成功。雇用有经验的人对创业公司来说是有价值的，但是雇用适合的有经验的人则更有可能成功。确保你的高级管理团队中每一个成员都有合适的背景、经验、技能、气质和人脉，为公司增加价值。

一些最成功的首席执行官并不是他们公司的创始人。还记得那个受人尊敬的汽车制造商特斯拉吗？首席执行官埃隆·马斯克经常被形容为“杰出创始人”，他创立了贝宝、太空探索技术公司和其他几家公司。但事实上，该公司是由马丁·艾伯哈德和马克·塔彭宁于 2003 年 7 月创立的。他们的愿景是创造一辆既高速又高效的电动汽车。2008年10月，马斯克成为公司的日常运营CEO。他将公司最初的愿景转变为成为一家汽车制造商，每星期生产数百辆高度创新的汽车。有时创业者会创造成功，有时成功的是他们的替代者。

9. 成功之路畅通无阻

许多创业者认为，硅谷的成功之路畅通无阻，但其实并不是这样，许多成功的公司改变了方向。它们也许改变了管理模式，改变了产品，改变了目标市场，或者三者兼而有之。但即使做出了这些改变，一些公司仍然失败了。假设所有的事情都按照计划进行，那是不现实的，目前，也没有数据能证实这一点。

> 如果你是一个聪明的失败者，我们仍然会雇用你。
>
> ——比尔·格罗索，Scientifc Revenues

新进入硅谷的创业者经常会认为创建一家公司特别容易，因为那些取得成功的人无意间缩短了他们从产生想法到取得成果这段经历的描述。那些成功的创业者省略了创业途中的一些相关细节。此外，许多创业者缺乏经营创业公司的经验，又过于乐观，因此这可能导致他们无法做好充分准备去启动创业公司，无法面对创业途中的迂回曲折。对于没有经验的创业者来说，他们没有经历过教训，自然不会想到去准备应急方案和备选计划。

10. 你需要完美的推荐

幻灯片是创业计划的重要部分，在员工招聘、客户收购、资金募集环节尤为重要。但是幻灯片在构建业务的过程中只是很小的一部分。投资商和客户是根据创始人或 CEO 以及管理团队的信誉度和业绩做出决定的，而不是看花俏的幻灯片演示。

我们看到过许多创业公司自豪地展示它们在商业计划或幻灯片竞技中获得的荣誉。但在硅谷，业务牵引远远比获得荣誉重要得多。重要的是在纸质版或幻灯片文稿中都尽可能简洁地描述你的业务，更重要的是你的计划可执行。客户收益才是成功的真正的衡量标准，而非赢得荣誉和奖品的数量。

11. 每一种事物的售价都是 10 亿美元或更多

传奇、吹牛、谎言。给他们打电话并告诉他们你想要什么。这些东西充斥在硅谷的各个角落中。如果有东西卖不了 10 亿美元，那么这反而是例外而非通例。事实证明，Oculus 以 20 亿美元的价格被出售，WhatsApp 以 190 亿美元的价格被出售，Nest 以 320 亿美元的价格被出售。除此之外，Tumblr 和品趣志的出售价格同样令人印象深刻。[一]然而，有些特殊情况。教育软件公司Kno[二]向蓝筹股投资者筹集了近1亿美元的风险融资。其中蓝筹股投资者包括英特尔投资公司（Intel Capital），安德森·霍洛维茨基金、硅谷银行和硅谷天使投资的投资者罗恩·康韦（Ron Conway）。据报告，天使投资以1500万美元出售给英特尔。投资一美元，收益15美分，对于那些风险投资者而言，并不是丰厚的利润。事实上，大多数风险投资公司都失败了，它们或破产，或以投资一美元，获益10美分的价格降价出售。享受传奇吧。千万别太认真。专注于你公司的增值就好。

12. 它不是硅谷，而是"愚蠢的硅谷"，这里也会发生一些愚蠢的事情

愚蠢的事情在这里发生。这就是为什么硅谷的绰号叫"愚蠢的硅谷"。不要误会，硅谷是个好地方。但让人费解的是，愚蠢和荒谬的事情也发生在这里，就像世界上其他地方一样。一些不应该筹集到资金的公司成功了，一些不应该被收购的公司却被收购了。一家不能成功销售一件竞争性产品的公司就无法完成任务。当无法继续生存下去时，公司会以10亿美元的价格被收购。惠普曾

[一] Nest，智能温控器制造商，谷歌子公司；Tumblr，轻博客网站的始祖，社交网站；——译者注

[二] 美国一家提供电子书和教育资料的软件公司。——译者注

以数十亿美元收购另外一家公司，不料这家公司却在一两年后倒闭。

我们已经洞悉这一切——创业公司来到硅谷时所面临的缺陷、不足和挑战。一些拥有优质产品的公司没能受到客户与投资者的青睐，而其他公司却找到了现成的和心仪的客户，这其中的原因不为人知。有时我们能够预测，有时候却不能。但无论结果如何，我们仍然鼓励创业者与可靠的硅谷人士合作，这些人能帮助你战胜那帮炒作的人，也能告知你正在踏入“愚蠢的硅谷”领地。

我们参加了知名的硅谷孵化器项目的“路演日”（Demo Day）演讲。40家公司向数百位与之交好的高管和天使投资者做展示。虽然这些项目带有著名孵化器的光环，但抛开这点来看，我们发现具有投资价值的创业公司寥寥无几。大多数不属于风险投资类型的交易业务。(抱歉，但是餐饮业不属于风险投资交易领域)。我们还发现，许多公司缺乏竞争优势或独特的技术。我们只是摇了摇头，意识到尽管这是在2015年年初，但在2000年的时候也许也是如此。如果毫无价值，别人为什么要为你投资？他们可能不会比你知道得多。教训不是在这里吗？这样没有意义，因为……毫无意义。还是再来一杯Kool-Aid[㊀]吧。

㊀ 一种冷饮的商标名。——译者注

现如今刮起了复古风

关于风险投资的漫画在 1997 ～ 2000 年开始风靡，今天看起来仍不过时。

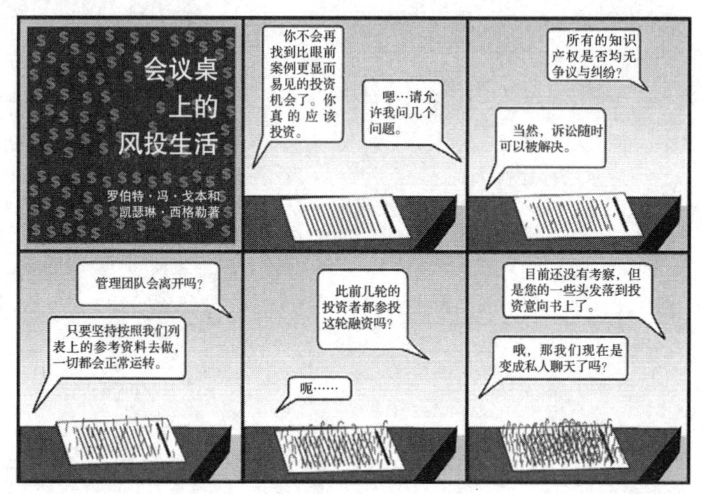

更多信息请登录 www.thevc.com。

第 8 章

通往硅谷之路

大多数创业者迟早会访问硅谷。他们会观察硅谷是如何运作的，了解为什么创业精神在这里蓬勃发展，并寻求有益于其公司发展的新视角和新方法。硅谷是创业者的实验室，在这里，每个人都尝试建立和扩大公司规模的过程。创业者在这样一个环境中得到支持、尊敬和重视。在这方面，硅谷独一无二，创业者绝对值得亲身一试。

但是，当公司从外界到硅谷筹集资金时，我们常常听到这些话语：

- 我开发了一件超酷的产品。

- 我把它出售给了几个客户，这几个客户是我认识的人。
- 我把钱花光了。
- 我在硅谷是因为我听说这里很容易筹集到资金。
- 我的幻灯片有 35 张，没有展示财务预测，与我在国内展示给投资者的是同一个。

因为我们与来自世界各地的众多创业公司的创始人合作，所以我们通常会最先告诉他们上述筹集资金的方法在硅谷是不起作用的，原因有以下几种。

- **部分传奇：**美国投资者希望在第一次会议上对你的业务有 360° 的了解。这需要你能够在 20 分钟或更短的时间内利用 10 ～ 15 张幻灯片传递有价值的信息。幻灯片必须将你公司的所有元素清晰呈现、简单概述。这与世界上其他地区的规范不同。我们与许多巴西创业公司的合作经验提醒我们，巴西当地的风险投资人不愿意在第三次或第四次会议之前看到创业公司的任何财务状况。
- **愿景短浅或无愿景：**大多数公司没有提出一个远大的愿景。它们无法阐明为什么它们能做出改变，或者它们将如何为行业带来冲击，或是如何利用全球市场机遇。他们的演讲提供了太多的数据，但缺乏必要的见解让人信服他们的业务传奇。他们的信息没有以清晰、合乎逻辑的方式展现出来，无法说服投资者相信他们的团队和公司可以按照计划和愿景执行工作。

- **愿景不可信：** 当公司表达出了远大的愿景时，愿景往往太大了。我们认识的一位创始人声称，他公司的愿景是成为下一个脸书。像许多其他人一样，这位创始人没有为他的愿景提出可信的依据。具体来说，他缺乏如何一步步实现这一目标的路线图。
- **产品优质，却不够卓越：** 尽管优质产品可能为你在本土区域内抢到客户，但硅谷的投资者和客户也许对卓越的产品更感兴趣。卓越的产品能提供更好的功能，易于使用，并符合客户需求。所以优质产品是不够好的。
- **缺乏价值定位：** 我们遇到的大多数公司缺乏价值定位，它们的提议或太过宽泛，或浅薄、不具有说服力。最引人入胜的价值定位能够明确阐述具体客户资料的经济价值。精英客户不寻求一般的解决方案，投资者们也是这样。
- **把握不好回头客，无法扩展客户群体：** 市场中有大量潜在客户，创业公司需要明确关注初始客户群。我们遇见过很多创业者，他们不了解产品和市场匹配的重要性，也不懂得如何找到理想的匹配度。他们常常认为他们可以向任何人推销，这种做法在诸如美国等大型市场中是不现实的。此外，为了证明公司清楚如何出售，进行市场验证变得很有必要。即使是与我们合作过的处于扩张期的公司也发现进行，当涉及你的销售对象、销售方式以及你使用的分发渠道时，美国市场与你所在国内市场的情况总是大相径庭。你需要利用所有元素来创建一个可重复、可扩展的过程，用于找到潜在客户，并完成销售。

- **团队不完整：**许多创业公司的管理团队缺乏一个或多个具备必要技能和领域专长的关键人员在美国市场中展开运营。有些技术可以通过雇用美国雇员或引进顾问、董事会成员的方式获得。无论如何，CEO 需要在确定产品的市场适应性、向客户销售和与投资者会面筹集资金等方面发挥实际作用。CEO 被当作“总负责人”去处理一些事宜，包括聘请某人处理销售，或筹集资金等事项，这种方式在硅谷是行不通的。

给所有去硅谷的访问者的建议

访问硅谷需要着重预计和准备。要考虑你要访问的原因、希望完成的任务以及你想见面的人。在访问后计划后续行动也很重要。

我们通过这一章来专门分享一些知情提示：你应该做什么，你应该注意的事项以及如何设定切实的目标和期望。我们的目的是最大限度地帮助你学习硅谷的经验。无论访问硅谷的原因是什么，你都有一些在访问前必须要做的事。

访问前：

- 与最近访问过硅谷的人交谈。他们有最新的信息，并且可以为你提供联系人，帮你推荐并提出各种建议。
- 更新你在领英上的个人简介和公司简介。如果这些还没有英文版，请仔细翻译成英文。
- 确保你的网站和销售工具是最新的，如果这些不是英文版的，也请好好翻译成英文。
- 确定值得参加的会议和活动，并将它们在你的旅行中做好安排。
- 确保持有英文名片。一个在美国申请的电话号码会帮助到你。

访问期间：

- 仔细倾听硅谷对公司建设的见解。我们提出的问题和我们对你正在做的事情的关注点可能与你在他处的所闻不同。

- 请注意，近六个月前你读到的关于硅谷的消息可能已经过时了，那些内容不再代表现在的境况了。
- 广泛积累人脉并与之交谈。硅谷人的背景往往不拘一格，他们的工作经验极其丰富，拥有各种潜在的人脉。在这儿，没有人什么都知道。
- 多提出开放性问题，以便深入了解与你谈话的人的关注点、见解和参考框架。
- 积极接受反馈，要意识到你将会接收各种相互冲突的建议和不同的观点。
- 准时参加你安排的会议。在与会前确认时间，并按时入席和离开。会议目的必须明确。重要的是不要浪费人们的时间。
- 如果你获得了指导或得到了别人的推荐，要询问你应如何回报他们，然后履行承诺。
- 要意识到你想在硅谷达到的目标没有绝对明确的路线图。这需要花点儿时间，也需要一点儿运气。
- 要清楚你的文化、价值观、偏好和态度如何影响你的思考和创业方式。
- 在每次交流后记录下一步的行动，并坚持到底。因为你太容易忘记打算做什么或者承诺过要做什么了。
- 思考如何分配时间，有助于你达成目标的活动优先进行。

访问之后：

- 许多来自硅谷以外的创业者不应该切断那些他们在硅谷访问期间努力积累的人脉。我们认识一家来自欧洲的知名风投公司，在访问硅谷时，它经常受到来自其祖国的政府官员和创业者们的追捧。其负责人与我们谈道："那些创业者来到这儿和我会面，但在离开之后，我就再也不会听到他们的消息了。我在招待他们之后，就像消防栓一样被对待（只在有需要的时候被使用，没有需要就被搁置）。"是的，就是你们想的那样。正如为访问做准备很重要一样，访问之后所要做的事情在某种程度上更为重要。如果你计划向客户推销，发展合作伙伴关系，或在硅谷筹集资金，那么你就需要坚持、再坚持，与那些硅谷的伙伴保持联系。
- 维持关系网需要花费力气。会议结束后，发一封简洁的电子邮件表示感谢是得体的（也会受到赞赏）。如果有人提出要为你推荐，而你没有打算这样做，你需要说："谢谢你的热情建议，要将我介绍给 ××× （名字）。但是，我准备在我们做好 ×× 之后再来做介绍。希望您的提议在 ×× 个月内仍然奏效。"
- 在领英上向你见过的人发送邀请。在社交媒体上与他们互动，并酌情在推特和脸书上关注他们。当有相关事件发生时，可以让人们了解你公司当下的运营情况，但这并不意味着每星期或每月都发送一封详细的电子邮件，除非是具体要求你提供公司发展情况的信息量或频次的人士。如果公司进步飞快，则每季度发布一次或两次更新足矣。如果你要发送更新邮件，那么内容应该包括与收件人相关的信息，否则邮件容易被忽略或删除。

- 一返回公司，就将你的所见所闻汇报给你的团队，然后制定并部署下一步工作。无论你为何访问硅谷，你都可能获得了全新的商业见解或视角。记得我们建议你做的那些事项吗？重温一下，问问自己。
    - 我在硅谷学到了什么，如何将其应用于我们的公司中？
    - 关于如何建立公司以及扩展公司规模，我的想法有怎样的改变？
    - 我应该开始做什么不同的事？
    - 我们的目标和优先权应该如何改变？

这个地方没那么危险。

——莱娜·斯杰斯弗勒·舒尔茨

莱娜·斯杰斯弗勒·舒尔茨

莱娜·斯杰斯弗勒·舒尔茨是42位合作伙伴的业务咨询员，是北欧创新之家（Nordic Innovation House）联合创始人、丹麦创新中心（Innovation Center Denmark）前副主任。

莱娜同丹麦的100多家公司有合作，这些公司是丹麦创新中心的“Scale IT”项目中的一部分。莱娜注意到，许多创业者对在硅谷筹集资金存在严重误解。她说：“创业者知道硅谷很有钱，所以他们觉得在硅谷筹集资金会很容易。但他们没有考虑到所有需要筹集资金的公司有多少。

“我会定期收到丹麦创业者的电子邮件，他们会说：‘我们将在两个星期之后到达硅谷。你能不能帮助我们约这十位沙丘路[㊀]的投资者会面？’然而，那些创业者往往没有进行必要的调研。他们会列出一大堆投资者的姓名，其中许多投资者投资的行业不适用于那些筹集资金创业者的行业。我会告诉那些创业者，找到出路最好的办法是弄清楚硅谷是如何运作的，做好筹集资金前的必要准备工作（这是一条漫长的道路），并向他们承诺要在硅谷

㊀ 沙丘路是硅谷乃至全美最声名显赫的一条道路，聚集了美国最重要的风险投资机构。——译者注

建立起自己的业务。如果你和丹麦最成功的创业者们交谈，那就谈谈他们是如何成功的。”

“一些希望筹集资本的丹麦创业者经常（在哥本哈根与硅谷之间）来回寻求种子或第一轮融资，这种做法花销很大。他们在来硅谷之前，应该首先在丹麦搜寻融资机会，然后在其本土区域建立起健康运转的公司。”

“许多硅谷以外的创业者不熟悉我们这里做生意的方式。完整的物联网、开放的思想、‘博爱传递’的态度以及对创业者的支持，这些对外界来说似乎很奇怪。人们有些胆怯了。但是既然来到这里，就不妨先花一个星期弄清楚硅谷是如何运转的，然后坐下来，同一些成功的丹麦创业者谈谈，比如 Zendesk[1]的 CEO 米克尔·斯万（Mikkel Svane），听听他们是如何创建事业的，可以提供哪些帮助。就在几年前，这些创业者还坐在哥本哈根的某个餐厅里制作一个产品。现在他们来到硅谷，听到了许多成功者的故事。这些经历消除了他们的恐惧。他们觉察到硅谷并不是一个那么危险的地方。”

提高效率

创业者来到硅谷的原因各异，包括以下几个：

[1] 为客户提供基于互联网的 SaaS 客户服务 / 支持管理软件，使公司可以更加轻松地管理终端客户的服务和支持需求。——译者注

- 增长见识并学习。
- 筹集资金。
- 进行市场验证和销售。
- 评估或参与速成项目。
- 开始公司迁移进程。

每个原因都很有意义。不过，每个目标的实现都需要公司管理团队在时间和金钱方面做出不同程度的承诺。例如，去硅谷增长见识和学习通常需要承诺给予一两个星期的时间和几千美元的费用；为了扩展在美国的销售规模而将你的公司进行迁移则可能需要几年的时间以及上百万美元的费用。

我们明白，每个人访问硅谷的目的都不同。下面是一些基于个人目标提出的建议，为你在访问硅谷前、访问期间和访问之后要考虑的事宜提供参考。

增长见识和学习：大多数访问硅谷的人会四处观望、参加活动、与人会面并学习。然而，由于大多数人的时间有限，这种访问不怎么能让访问者将硅谷的所有细微的难以捉摸之处吸收掉。在某些程度上，这种访问更像是去迪士尼旅行，有趣又令人振奋，但很难从中获取重要的长期商业价值。在初次旅行中，你可以制定更切实的目标，关于你能够在硅谷做什么，以及更好地了解后续访问中你需要与之会面的人的信息。

如果你的公司位于美国境外，那么在你访问期间，你本国政府可能会通过贸易办事处或为你提供其他资源等渠道协助你。我们与许多这样的组织合作过，其中包括巴西出口促进局（Apex Brasil）、丹麦创新中心、北爱尔兰投资局（Invest Northern Ireland），韩国的大韩贸易投资振兴公社（Kotra）和KIC，等等。如果你正在寻找共同创办人、某些专业的服务人员或战略顾问，拥有独特技能及其特别关系网的上述组织可能为你提供一个良好的起点。这些组织了解你可能面临的文化差异，并且可以经常帮助你联系到硅谷中你所在领域内的其他人。

如果一家美国公司正在访问硅谷，但没有丰富的资源或政府单位的帮助，最好的办法是接触过去六个月内访问过硅谷的同行创业者，向他们寻求建议、指导和关系网推荐。

筹集资金：我们遇到的众多创业者都是专门到硅谷进行筹集资金的。大多数创业者还没有准备好。在那些创业者中，有很多人不了解创办公司第一步是去学习如何在硅谷筹集资金。其实投资者都有自己的具体投资标准，他们往往投资于不同类型的公司、不同增长阶段的公司，投资额也不尽相同。大多数投资者希望其可能的投资对象已在美国成立公司，并且在中标之前已经落实好在美国涉及的各项管理事宜。如果你的管理团队不在硅谷，而且还没有美国客户，那么有可能认真考虑为你投资的投资者数量将大大减少。

我们会见了一个来自丹麦的创业团队，他们是专门来硅谷进行筹集资金的。这个团队安排了26场幻灯片演示活动，但是他们不了解应该如何进入美国市场，也不知道谁将成为美国团队中的一员去处理这个问题。他们设想他们能够在筹集到资金以后回答这些问题。这家公司还没准备好和投资者交谈。如果他们在与投资者会面之前就考虑好进入美国市场的计划，那么访问将会更有成效。

> 每位硅谷投资者都有其一套独特的投资方案——他们偏好投资不同行业。你不得不发问：我的创业公司如何能适应这个投资者的关系网？
>
> ——巴拉斯·法拉格，Real5D

我们从与硅谷以外的创业者见面的风险投资者那里听到的一个问题就是那些创业者们没有做好准备工作。你需要知道谁是你的竞争对手，他们所处的市场，他们如何定位以及有哪些风投公司为他们投资。

> 做好准备功课。
>
> ——约翰·斯卡利

约翰·斯卡利

几年前，约翰·斯卡利开始创建他的第一家公司——这家公司是Mocromedia[㊀]的前身。为了更接近硅谷的创新和技术园区，他将公司从芝加哥迁移到旧金山。他的第一位创业投资者是凯鹏华盈的约翰·杜尔（John Dberr）。由于得到了杜尔的投资，约翰·斯卡利瞬间获得了硅谷的认可，这让他更易于招募员工以及找到早期客户。如果当初他是从芝加哥的投资者那里筹集到的资金，那么他可能不会这样成功。

“你要能够注意到联系人（以及能够在硅谷被注意到），并且建立联系人关系网，”斯卡利对要来硅谷的创业者们建议道。“硅谷最尽其用的地方就是创业者能利用它来获得推荐和培养人脉关系网。如果一位创业者没做任何准备就直接联系我，我通常会请他喝咖啡聊聊，但这样的机会只有一次。创业者需要做一些准备功课，然后回答我一些问题：业务如何，什么是市场机会，谁是你的竞争者，美国如何为你提供了一个良好的市场。所

㊀ Macromedia拥有丰富的客户机软件资源，2005年被Adobe高价收购。——译者注

以，好好做你的准备功课吧。”

“你也得找一些在合适的公司里合适的人来进行讨论。硅谷以外的大多数创业者不清楚谁对他们的具体业务感兴趣，这是一个难题。为什么创业者们需要导师，因为导师能帮助他们找到合适的人选。当一家风险投资公司同一位创业者会面且对其业务感兴趣时，这家风投公司会争取把创业者推荐给合适的人。如果没有合适的人选，那么风投公司将不会做推荐。35岁以上的人倾向于保护自己的关系网，而35岁以下的人则愿意慷慨地做推荐，但他们这样做往往没有征得被推荐人的许可。”

“还有另外一个原因说明了公司地点在硅谷很重要：如果公司不在这儿，那么其他人很难对你进行审核。有时，如果公司位于国外，我们将会参考外籍社区的审核标准。”

关于筹集资本，斯卡利说：“要是你想得到100万～300万美元的融资，你应该向精明的投资者筹集。你所筹集资金的对象并不都得是精明的投资者，但是你需要结识一些这样的人，因为你需要得到他们的支持，这些人可以将你推荐给市场上的一些人，为你提供人脉、帮助和指导。对于50万～300万美元之间的一轮融资，可以通过天使投资人和微型风投公司2500万～5000万美元的投入获得大量资金。如果你想要与天使投资人取得联系，可以通过诸如Y Combinator和500 Startups的创业孵化器，或者联系比如沙丘天使投资人和硅谷天使投资人、哈佛天使投资人等天使投资团体。筹集到7500万～2.5亿美元资金的创业公司会非常想把筹集的钱投入首轮融资。”

永远别说你没有竞争对手。如果没有竞争对手，你就不那么让人感兴趣了……

——莱娜·斯杰斯弗勒·舒尔茨，42 Associates

硅谷不是一个能让人说出“我们没有竞争”这句话的地方，也没有人会相信这句话。如果你这样说，别人会质疑你的信誉度。竞争形式多样：其他产品或其他公司的直接挑战，更宽泛的产品或服务的间接竞争，还有部分客户因为对产品不感冒而缺少活跃的表现——这是最要命的交易杀手。总之，竞争总是存在，且方式多种多样。

硅谷的风险投资公司很乐意与创新型创业公司会面。然而，为了真正引起风投公司的兴趣，这些创新型创业公司的业务需要适合风险投资部门感兴趣的行业，并适应地域限制，并且需要为风险投资做好准备。如果你正在计划与风险投资人会面，你需要查看他在领英上的个人资料、其公司网站上的投资清单，并通过TechCrunch或LinkSV[1]进行研究。

---

[1] 一款App，能够快速联结硅谷中的人、公司和资本。——译者注

> 筹集资金的秘密是什么？在胜出之后获得一些业务牵引。当你不再需要时，就募捐出去吧。
>
> ——克里斯·叶，PBWorks 公司

下面是一些易于筹集资金的建议。

- 与已经筹集到资金的同行创业者交谈。
- 创建一个简洁的执行摘要和 10 张幻灯片。
- 识别同行业的其他公司，尤其是那些已经得到风险投资公司支持的。
- 实事求是地评估哪些投资者将会对你的公司感兴趣，要意识到大多数的硅谷投资者只会投资于硅谷或美国的公司和管理团队。
- 确认你想作为一个观察员出席的竞标和其他活动，了解什么方法可行、什么不可行。

除非你已经成功在硅谷完成集资，否则我们建议你来硅谷学习如何筹集资金，把这当作你此行的首要目标，而不是一来这儿就去努力筹集资金，这意味着你的第一次硅谷之旅筹集不到资金，除非有意外发生，你遇到了你的投资者。在硅谷，你应该花时间参加一些竞标活动（精彩的和逊色的展示都要看），也应该花时间更好地理

解筹集资金过程如何运作。参加会议和活动也能为你的竞争格局提供更广阔的视野。

另外，有些事情你需要记住。

- 如果你想极力吸引投资者，我们建议你查看第 3 章，并参阅附录 A 和附录 B，其中有一些资源能帮助你更有效地展示内容。
- 如果你有机会展示，仔细倾听与你公司直接相关的问题和疑虑。倾听之后反思哪些是重要的，你是否应该改变你的商业模式，是否应该改变目标市场，或者是否应该改变管理团队的构成。
- 开始确认硅谷的哪些资源和人脉可以帮助你，包括导师、顾问、律师或其他专业服务人员。
- 你是否已经准备好经历整个筹集资金过程。筹集资金是很耗时的，它通常要求你预先做好业务迁移，并准备充足的资金做支撑。如果你确定当前硅谷的投资者不适合你的公司，那么要考虑以下几个问题。
  - 是否有其他可能成功的资金选择？例如，首先在自己的区域内筹集资金。这样做可能让你在完成一轮筹集资金之前，有时间和资源打造美国的客户基础和管理团队。
  - 是否加入硅谷或其他地方的孵化器或加速器项目

以使你的公司获得更大的筹码？这样做可以让你理清产品和市场的契合度，通过加速器网获取一些初始客户来提升业务，还能获得潜在投资者的推荐。

- 需要花更多时间留在硅谷提升你对市场、你的目标客户和潜在投资者的了解。我们见过很多创始人选择这门“课程”，这样他们能够拓宽和深化他们的关系网，并理解硅谷的神秘之处。

“最好的资金是客户的资金。如果一家创业公司拥有客户和销售额，它就不需要投资者了。

——巴拉兹·法拉格，Real5D

验证市场和完成销售

正如在来硅谷筹集资金前应该首先了解如何筹集资金一样，我们认为，面对诸如硅谷或美国大型、复杂的市场进行销售，第一步是验证市场。全美的市场机遇与你本土区域的市场机遇一样少。如果你已经知道如何验证市场，那很好。如果你还不知道，请返回第5章查看我们讲述的产品和市场的契合度内容。

关于如何在美国市场进行市场验证以及销售，我们提出了一些其他的建议。其中一些建议可能众所周知，一些建议可能与之前所讲述的内容有所重复，然而，如何验证市场是公司需要处理的一个最大的绊脚石，值得强调。

根据我们的经验，大多数成功进入美国市场的公司在其本土区域已经获得了客户牵引力，并且已经赚取了营业利润。这样做会驱使组织形成一个准则——要求团队建立一种有效的产品，规定一种可重复的销售流程，并明确量化客户的价值定位。

验证美国市场是“探索”之一：你要提出一个假设，然后根据你参加的会议、参与的讨论以及建立的关系网来验证、修改和完善它。虽然网上研究的方式值得推荐，但是只有同目标市场中的那些人探讨，才能明确答案。以下内容可以帮助你加快识别和验证你的硅谷市场。

- 如果你的公司位于美国境外，请联系你本国的贸易部门，了解它们可以提供给你什么资源。
- 深入研究美国的市场规模、客户需求和潜在的竞争对手。
- 确定你的第一位美国客户会是谁。对他们展开研究，包括研究其所处位置。运用所学知识，为你的目标客户对其个人资料进行必要的修改、完善。你应该为硅谷的目标客户量身定制销售资料和展示内容。

- 在访问前几周（而不是几天），做好与预期客户和合作伙伴会面的准备。
- 列出你想要联系的相关人员名单。大多数人只在领英上点击查看相关人员的资料，而你所列名单上的人选要更切合实际。知名人士和 CEO 们通常你是联系不到的，这些人也不一定在任何情况下都特别适合你。
- 确认你在硅谷可能会参加的研讨会、其他会议以及高级专题活动，还有一些有利于你学习和建立关系网的活动也值得参加。

验证市场并不意味着销售。如果你想了解美国市场且想知道应该找哪位客户，那么你应该去倾听和学习。如果你带着完成一份合同或者推销一件产品的目的去参加一场会议，你会得到一个答案——接受或者不接受，但是你将无法得到你需要的有用信息。如果你假借搜寻信息或指导之名向客户强行推销，结果可能会事与愿违。一旦弄巧成拙，就可能严重破坏你和为你做推荐的人的关系，也会大大影响你以后顺利获取关系网的推荐。

门洛帕克，沙丘路，风投人之园

使你在小型市场中取得成功的因素，却能在大型市场中扼杀你的创意。

——维基·福里斯特

维基·福里斯特

维基·福里斯特是ANZA技术网络公司的CEO。ANZA技术网络公司是一个帮助有兴趣进入美国市场的澳大利亚创业公司筹集资金的组织。

“硅谷以外的创业者经常高估其在本土区域所取得的

成就——因此他们经常认为他们在硅谷能重演之前的成功。但是使你在小型市场中取得成功的因素，却能在大型市场中扼杀你的创意。例如，在小型市场中，公司经常有大量时间进行交易，但在硅谷，交易速度绝对不会慢。许多小型市场中的创业者依赖直销模式，因为他们一般与其所有客户都认识。但是若是这样的公司在美国依靠直销模式经营，它们决不会有所建树。它们必须考虑销售渠道的问题。”

“外界也缺乏对大型市场的合作性质的了解。在硅谷，你可以在某一单交易中与一家公司是竞争对手，而在另一单交易中你和这家公司却成了合作伙伴。小型市场并非如此，在那里，每家公司都把利益紧握在手里，创业者们都只顾着让自己盈利。”

“在小型市场中，公司发展通常是从小到大、循序渐进的；而在硅谷，公司需要经历大胆的、高风险的步伐才能有所发展。一个大型的、可扩张的公司需要资本和差异化的管理方式。对于外界人士来说，最好的解决办法就是将合适的人放在合适的位置上。从硅谷之外来的成功创始人经常在硅谷拥有共同创始人，这些共同创始人对大型市场性质的把握游刃有余。”

“什么是创业者犯下的最大错误？当然是还没创建公司就来硅谷投资这种行为。你需要先创建自己的公司并验证它的价值——这大概需要花6～12个月的时间。”

硅谷以及全美越来越多的大型公司开始对创新感兴趣。它们常常更愿意同创新型创业公司合作，它们通常也是最早采用新科技的公司。但是，这些公司会限制与可能不属于其核心业务的公司会面。尽管你可能想获得脸书、谷歌或领英的指导，但更重要的是你要意识到这些知名公司需要花时间打理自己的业务，而不是一定要帮助你创建公司。你需要问自己："我的想法、产品或业务符合这些大公司的规模和典型的复杂性吗？它们究竟有什么？我的创意能带来改变吗——也就是说，我的创意会大大地推动那些大公司的发展吗？"如果这三个问题的答案都不是肯定的，那么想要与大公司会面会更困难。我们已经接受创业者们的邀请，安排了谷歌设计师见面会，"深入探讨他们的产品"。对于像谷歌这样的公司，这种见面会是一次珍贵的、值得优先考虑的重要活动。

如果你成功吸引了硅谷中大公司的关注，记住这一点：在这些大型、复杂的公司中，大多数的最初决定起始于部门或产品层面，而最终裁决经常出于公司层面。因此，通过设计来在产品管理方面建立关系网几乎总比与 CEO 会面更有效。

以下内容是关于会面的相关建议。

- 询问具体的问题，但是问题应是开放式的。咨询该公司当前如何解决麻烦，其代价是什么；该公司是否会重视诸如你的产品提供的解决方法；他们是否认为你公司的定价结构合理；以及对于新产品，他们如何评估和做出裁决（比如新产品预算由谁管理等方面）。
- 如果与你谈话的客户没有表达出感兴趣的意向，那么在请求他把你推荐给其他客户时，你需要询问如何回报他。

在进行完最初的会面之后，你要弄清楚什么有意义——包括重新考虑你的产品或目标客户的个人资料。弄清楚你是否需要更换客户。市场验证的目的是了解你的潜在客户，这些客户的位置在哪，以及你怎样联系到他们。你也需要考虑你的能力范畴。

那么如何部署下一步？这里有一些你需要向自我提问的问题，它们是关于在这个过程中的市场验证部分的问题。

- 我的公司适合进入美国市场吗？
- 进入美国市场需要多长时间和多少资金？

- 如果我需要筹集资金，哪里才是筹集资金的最佳地点？
- 谁是合适的初始客户？
- 合适的市场、地域和分销渠道有哪些？

你需要根据这些问题的答案，修正你的目标客户资料。

门洛帕克的瑰丽酒店

若真打算在硅谷或整个美国建立市场，那么务必制定一项战略，即长期扎根于硅谷的战略。务必确保你是全职的，并确保拥有约束性资源，才能取得成功。

> 作为创业者，最大的失误就是对工作所需时间判断错误。他们说，‘我必须在三个月内实现这一目标’，除非能确定你会坚持一段时间，否则大部分投资者是不会投资的。很多创业者试图尽快

完成任务，但实际上他们这么做是不可行的。这就像有人试图在夜里去酒吧找个人做他妻子似的。

——德里克·安德森，创业磨坊

加速器计划的评估

近十年来，硅谷及世界各地的孵化器和加速器计划都在迅速发展，加速器计划这一概念已活跃了至少 20 年。一个早期的例子是创意实验室（Idealab）。它经历了互联网 1.0 时代的成功与失败。如今，孵化器和加速器计划得到了多方支持，如 Endeavor 等非营利公司，强生集团、塔塔公司（Tata）和西班牙电话公司（Telefonica），以及私营独立组织，如 Y Combinator 和 TechStars。其他的，还包括由 GSVlabs 和朗威加速器（Runaway Accelerator）等合作空间所运行的程序，以及与风险投资基金有关的加速器，如 500 Startups。不同的项目提供不同的功能和不同种类的支持。部门特定的项目包括 Highway 1 的硬件，可为穿戴技术相关项目提供支持的可穿戴世界公司（Wearable World）生产的加速器，以及由硅谷银行 / 万事达信用卡的 Finextra[㊀] 提供的金融方面的科技。这些在口碑、项目长度、能够兑换成现金的股票数量以及为创业公司提供帮助上都存在差异。

㊀ 英国的一家互联网垂直媒体。——译者注

> GSVlabs 的成功就在于在垂直方向上进行调整。这让我们的专业知识逐步深厚，其中 Ed 科技和可持续发展是最大的亮点……我们可能正在利用“秘密武器”建立这些策划和联结完善的社区。
>
> ——戴安·费恩（Diane Flynn），GSVlabs

我们想分享一些关于加速器的看法。我们看到创业者的心态不断膨胀，他们认为加入加速器是使创业公司成功的唯一途径，对那些硅谷以外的公司来说尤其如此。我们认为创业者花在确定自己是否已准备就绪上的时间太少了，而且他们并未基于适合本公司的项目来评估加速器项目。大多数创业者只关注 Y Combinator 中的爱彼迎和优步的成功表面，并将相关数据作为选择项目的唯一标准。

以下内容是我们认为创业者在评估加速器时应考虑的一些因素。

适合。我们了解某些品牌加速器的吸引力。但是，你必须深入了解加速器所提供的服务，以确保与你的实际所需相适配。

公司处于哪一阶段？处于创意阶段或产品介绍阶段的创业公司与一家已经在国内开发产品并拥有客户和可观收入的公司相比，所需完全不同。

加速器公司落户于何处？某些行业位置很重要。社交和移动应用程序方面的创业公司落户于硅谷可能会更好，而保险和投资银行解决方案方面的创业公司可能更适合在波士顿或纽约市落户。

你是否考虑过你的目标？你希望在项目中实现什么？你实际需要什么帮助？你的产品、产品 / 市场契合度、市场策略、团队成员或投资需求存在什么问题？你的团队、产品以及公司有哪些劣势？你有多少时间？在时间和成本方面，你可以使用哪些替代方案？

项目间的差异小到几周、大到几个月。理想的搭配可以增加成功的机会。与其他做过项目的人多交谈有助于更好地了解项目间的差异，从而最终选择最适合公司的项目。

教育。许多加速器和孵化器将提供创业教育或培训活动作为其计划的一部分，包括正式的学术教学、轶事谈话以及创始人、投资者等的“商场战事”叙述。关于数字营销和社交媒体等具体议题的“特设”交谈也较为常见。（“商场战事”存在挑战：创业者在将这些信息应用于自己公司的具体情况中以及他们正在努力解决的问题中时有很大的困难。）

我们认为最好的方案是将这两种方法结合在一

起——理论来源于项目以及创业者用以建立业务的实践和最佳战术方案。这些计划通常需要一周左右的时间来施行，包括对创业公司的业务进行客观评估，同时突出差距和挑战。他们为创业者提供工具，并确定具体的领域，但后续的指导会实现价值最大化。将许多创始人聚集在一个共享的学习环境中，创造了一个互相学习的独特机会。

坚强的爱。创始人需要得到大力的支持和大量的鼓励，加速器在这方面做得很好。然而，创始人也需要坚强的爱。当他们失去目标时，我们需要提醒他们；他们需要承担责任；有时他们被迫采取行动，以提升速度、完成工作。以上这些情况都需要去激励而不是阻碍他们。有时候加速器工作人员提供这种坚强的爱很难，因为他们每天都要和创始人一起工作。顾问的视角和坦率的回答可能会使你获益良多。

导师。最好的导师了解自己的角色，知道如何有效地与创业公司合作，并且知道在哪里可以实现价值最大化。同样，创业公司需要了解导师的能力和不足。一位好的导师能够提出建设性问题。他是一个值得信赖的创始人，也是拥有坚强的爱的人。一位好的导师不会告诉CEO 怎么做，也不是你一年只联系一次的人。最好的导师在创业界拥有丰富的经验，也会教给你具体领域的专业知识。

有人曾经指出，导师分为三类：祖父型、父亲型和母亲型。祖父型告诉你“商场战事”，父亲型告诉你要做什么，母亲型教会你全面思考，探索问题。无论你加入哪个加速器项目，务必找母亲型的导师，并请他帮助你确定错过的部分。

作为一个在世界各地培训导师的团队（其中许多人缺乏直接的创业经验），我们知道了解创业过程及其可能面临的挑战的导师才是好导师。硅谷的大多数导师以前都有创业经验。其他地区的许多导师没有经验，但是如果他们接受适当的培训并且心态端正，那么他们对于初创公司来说就是非常有价值的。

最好的孵化器和加速器公司一直在考虑引进能为创业公司提供具有专业知识的宝贵人才以促进公司进入下一个阶段。然而，我们经常看到加速器网站上列有资深企业高管和企业家导师，但我们知道这些加速器网站根本没有时间或渠道与创业公司合作。大多数人为自己的公司工作，如果不为自己的公司工作，他们通常希望加入创业公司，而不一定要花时间帮助另一家创业公司。

感谢孵化器和加速器能够成为创业公司的正确选择。一些公司的高调成功已经使正式的加速器项目有所展现，如 Dropbox 和爱彼迎。但也有无数公司在经历了这一项目后出现停滞或失败。许多不是正式加速器的公司已经大获成功了，例如 Skype、品趣志和脸书。

迁移。作为创业者和创业公司的目的地，硅谷具有一种不可否认的神秘感。正如我们所知，硅谷最适合具有国际市场潜力的公司。根据我们的经验，在本地区初期具有市场吸引力的公司将更容易快速地了解如何在美国市场取得成功。只停留在产品概念上的创业者在硅谷会发展得十分困难。

现在进行公司迁移真的有意义吗？如果没有，那么什么时候有意义？如果你考虑将公司迁移到硅谷，你需要考虑到以下这些事情。

- 在你家乡筹集资金可能比硅谷更快、更容易，尤其是当家乡有客户的时候。
- 确保在迁移之前已经做了充分的市场调查。
- 从硅谷的同行创业者和值得信赖的顾问那里获得专业的协助，特别是公司、税务和移民律师。
- 确定公司中哪些部门不必迁移到美国。
- 将利用共享办公空间视为融入硅谷并与当地创业者互动的一种方式。
- 建立硅谷顾问董事会。

- 了解销售产品主要由贵公司的首席执行官负责。首席执行官需要确认销售流程和目标客户。此后，你可以向当地的工作人员补充你的销售流程。
- 像美国这样的大型市场，需通过分销渠道、合作伙伴和战略联盟来完成销售工作。
- 将你的薪酬规划与硅谷标准一致化，包括薪资和股票。

注意事项

在硅谷工作时，你需要有效利用自己的时间。并请注意以下五件事情。

1. 在支付介绍费前请三思

你会发现这里有很多人乐于帮助你，但基本是有偿帮助。律师、会计师、招聘人员和专业人士助你筹集资金或做出更好的演示文稿，因此他们值得这份报酬。但是，你无须为介绍你的信息付费。

例如，如果有人把你迅速介绍给律师或风险投资人（在你发送的电子邮件中讲明了介绍的原因），这是不必付费的。如果有人想通过几封电子邮件就向你收费，请三思；这样的收费服务在大多数情况下都是没有意义的。

2. 提防虚假投资者

少数风险投资人和天使投资人在过去两年内都没有投资，因为他们通常没有资金。我们称这些人为虚假风险投资人和天使投资人。有些人靠招聘谋生；有一些人只要给钱就演讲；还有一些人目前没有工作，并正在找下一份临时工作。他们打着投资的幌子指使创业者。

直接一点儿，这点很重要。如果你怀疑对方是虚假投资者，可以问问他们最近有没有进行投资，追踪记录情况如何，有没有成功的案例，然后再谈你公司的状况。如果他们最近的投资是在一年前，那么很有可能他们还在啃前几年的老本。记住，你的时间宝贵，请明智使用。

3. 勿忘一物换一物

硅谷因"传承"而闻名，先成功的创业者帮助其他人。这是真的。并且已经存在。我们也是这么做的。

不过，让来到硅谷的客人常感到困惑的是，这里并不完全是免费的。硅谷社区希望给予帮助能获得回报，他们希望发送一封介绍性的电子邮件，至少能换来一句"谢谢"，并且还希望你像介绍里说的一样，准时开会，并将会议结果及后续行动及时反馈给介绍人。

许多服务型专业人员帮助创业公司进行营销、账目管理并提供法律服务；他们都希望创业者为他们付出的时间和专业知识买单。如果一位律师基于标准的保密协议而帮你，那么你至少应该说声“谢谢”。另外，当你需要聘请律师进行重大工作时，例如，成立公司或签约书面合同，那么律师应该至少享有第一标的特权。给律师介绍下一单生意也不失为一个好办法。

我们都听过风险投资人的故事，风险投资人遇到一位非常有吸引力的创业者，因为他掌握着诱人的商机。于是风险投资人带这位创业者入门，并把他引荐给天使投资人。没错，这些帮助可能都是“免费的”。但是，当这家公司准备好筹集风险投资时，投资者都希望获得回报。硅谷内部人士的焦点逐渐转移到这些期待服务、专业知识和免费指导的来访者身上。

很多来访者并不完全了解“传承”和“一物换一物”之间的根本区别。“传承”意味着这些帮助虽小但很有用，也不需要你花费很多时间或资源来回报他人。“一物换一物”则意味着当别人花时间为你提供有价值的帮助时，你也需要适当地回馈他。要一直记住，适当认可并回馈帮助过你的人。

旧金山 Yelp 公司办事处

4. 小心推荐费

少数非营利性和营利性组织打着向投资者推荐特权的旗号而向创业者收费。作为寻求融资的创业者，你是否需要为这些服务买单呢？这取决于你。扪心自问：该类组织是否通过推荐为公司谋得了投资？投资者是否对你公司的产品或市场领域感兴趣？他们可以投资多少钱？这些投资者是否会进行一轮融资，还是等待首席投资者行动后再投资？如果你需要为推荐付费，那么你应该找到正确的组织，并确保签订合理成本 / 收益比协议。记住：有很多正式和非正式的推荐机会是免费的。

有些人会向你提供有偿融资服务。这时你要重新问问自己：他们是会为你做实事，还是只会向你提供一份潜在投资者名单，然后剩下的工作都指望你自己来完成？他们是否只是简单地将你的商业计划书发送给（合格或不合格的）投资者列表中相关人员？创业者如果不加区别地将自己的商业计划书发送给众多投资者，那么就会被冠上“急于兜售”之名，而投资者对这类初创公司往往不感兴趣。这样的融资服务会对你造成负面影响，请谨慎思考。

5. 避免空降到硅谷

许多国际创业者认为，即使没有美国的法律团队或地方管理团队，他们也能在美国做生意。他们以为在这里，开发市场、寻找伙伴和客户、创造分销渠道很容易。但通常情况并非如此。挖掘客户需要时间，而且在美国做全职要容易得多。

虽然全美语言相同、货币相同、法律类似，但全国各地的经营文化和做事风格有很大的差异。美国有 25 ～ 30 个主要的大都市市场，其中许多都市市场的业务潜力甚至大于许多国家的国内生产总值。美国地铁区基于其独特的地理优势已经逐渐形成了公司和工业集中区。例如，技术制造业主要集中在低成本的东南地区、中西部和东北部分地区。实际上，硅谷很少生产技术型产品。同样，大多数金融服务业都集中在芝加哥或是更大的纽约市区。你需要基于客户和合作伙伴的所在地来定位。你不能对客户或投资者说“我们下次在城里见”，却期待做成生意。

我们的合作伙伴来自墨西哥，这是一家为金融服务业开发企业软件应用程序的创业公司，其目标客户是大型银行、保险公司、经纪公司和财富管理机构，它们大多位于纽约市。然而，他却坚持要将公司建在洛杉矶市。洛杉矶距纽约有六小时航程，因此将公司建在洛杉矶就意味着要耗费一整天的时间来见客户。我们很快意识到了这一事实，即他在异想天开，他认为他必须待在洛杉矶来实现这个白日梦。显然，他的个人目标与实际业务不一致。

在某些地区的销售业绩其实基于你认识谁而非你所销售的东西本身。来自这些地区的创业者通常认为，只要向客户或投资者热情介绍就能完成销售或得到风险投资。但实际上，热情介绍只会给你一次展示自己的机会。对于客户来说，买不买是基于产品是否合适以及相对于其他类似产品的全面评估。对于潜在的投资者而言，融资是基于项目与基金投资标准的契合，以及投资者喜欢创业者并相信其业务的程度而完成的。

硅谷已经准备就绪，你呢

有些创业者好像天生就适合硅谷。他们知道自己需要什么、怎么做以及如何有效地建立和利用这里的关系网；而有些人觉得硅谷很神秘，需要别人的帮助才能进入，并且无法将所有的部分联系在一起。如果你属于“天生适合”型，那么我们建议你速战速决，相信自己的直觉，并将专业知识和硅谷现有资源作为你的优势。但是，如果你是“深感神秘”型，那么对你来说最重要的是识别人才和资源。

只有真正快速成长的公司才能迁移到硅谷。

——莱娜·斯杰斯弗勒·舒尔茨，42 Associates

硅谷是一个很棒的地方。我们鼓励你来参观，如果合适就留下来。但这里不是游乐园，而是工作和生活的地方。重要的是你可能会改变对这里的看法，发现它并不是你听过或读过的内容中所说那样。每天都有很多来访者与你的想法不谋而合。

任何成功都没有捷径，无论是投资者、客户还是商人。磨砺和失败接连不断。这里不仅仅有凉爽的办公室、办公幻灯片、小吃或每日的美味午餐。你在这里度过的时间越多，你就越能发现聪明的人和艰巨的工作。硅谷是个好地方，你会寻得共同创始人，遇见前沿技术的思想领袖，与其他聪明的创业者在聚会上切磋，或者在当地的咖啡店中与风险投资人偶遇。虽然硅谷确实有一层神秘的面纱，但在这里取得成功并不奇怪。你在这里度过的时间越多，你就越清楚自己需要做什么、如何去做以及如何增加自己成功的可能性。

如果你不在硅谷，那么我们希望你能够利用硅谷的实践经验。如果你在硅谷，那么我们希望你尽可能为迎接客户、开展合作、筹集资金做好准备。我们的目标是让你的公司在任何地方都能成功。

Decoding
Silicon Valley
The Insider's Guide

第9章

处处皆能成功

硅谷在全球业务方面取得的成功是基于创意、人才、思维、文化、最佳实践和资本的有机组合。这为创业者创造了一个环境，使他们能够在这里开始并成功发展全球业务。

对于在该地区以外的公司，硅谷要求其业务已达到一定水平。没有当地的带动，即使有效利用硅谷的资本、人员或专业知识，要想取得成功也是不可能的。即使公司具有全球市场潜力，情况也一样。

即使没来过硅谷，你也仍然可以学习这儿的示范案例，将其应用于当地市场中，并在本地成功开展业务。你必须弄清楚你需要什么，确定哪些规则可以且应该被打破，了解如何使业务策略适应本地市场。我们写这本书的目的不是让你成为硅谷专家。相反，它旨在突出示范案例、战术和资源，使你无论身在何处，都可以有选择地将其应用于创业中。创业者之所以大受欢迎，就在于当本地市场出现机会且创新技术成熟时，有才华的创业者可以建立公司。

本章的其余部分还扩讲了具体做法，助你在任何地方都能成功，因为本章的宗旨就是无论“在哪儿都能成功”。

企业家需要得到多方帮助

企业家若想在当地取得成功，第一步是停止找借口，例如，错过了什么，什么行之无效，等等。我们也知道这很难，而且有风险。但试想一下：在本地取得成功可比在全球范围内取得成功的概率高得多。

作为创业者，我们了解创业者所要面临的困难和挑战。即使创业者是超级英雄，他们也需要别人的帮助来发挥他们的潜力。具体来说，他们需要支持性的生态系统和创业者联合社区。

一些政府和私人创业项目取得了成功，还有一些失败了。智利创业公司决定将更多的创业者引进本国，提前为他们庆祝，创造一批临时人才。该项目自 2010 年启动以来，已经吸引了来自 64 个国家的 800 多家公司，并形成了蓬勃发展的创业者社区。为建立一个充满活力、自给自足的生态系统，我们还有很多事情需要做，但我们认为智利创业公司已经取得了巨大的进步。

游牧创业者

尽管如此，这种全球性的项目也是存在缺陷的。随着各国想方设法吸引创业者，我们发现“游牧创业者”的数量有所增加，这就适得其反了。“游牧创业者”利用创业大赛、奖金和国家专项财政等激励措施将公司迁移到某地。一旦资金用完，他们就会去寻找能提供新的财务激励措施的地方。这种情况发生在缺乏后续风险融资能力的地区，并且，一家良好的创业公司会在某地区发展可持续发展业务的客户群。这种情况对创业者和地区都不利。

创业生态系统的秘诀（但没有公式）

每个地区的文化、价值观、做生意的方式以及对待创业者的整体态度都是独一无二的，而且具体如何增长和增强创业生态系统也因地而异。但是我们在美国和世界各地所做的工作表明，有六个关键要素可以提高各地创业公司的数量、质量和成功率。

1. 当地可行的大胆实用主义。

2. 经验丰富的创业者和合格的高级管理人员。

3. 为创业者提供支持社区、合格的导师和针对性培养计划。

4. 侧重于成功而非失败并相信自己“能做到”。

5. 包容尝试和重复的文化。

6. 关键客户群体，如公司和政府实体。

令人惊讶的是，风险投资不属于六要素之一。创业资本确实可以帮助公司成长和更快地扩张，但这并不是创业公司面临的最大挑战，至少在初期不是。

现在，投资一家软件公司比20年前容易、便宜得多，有一点钱就可以支撑很久。在向传统风险投资人寻求一轮资金之前，创业者就已经取得了可观的成绩。

Atlassian价值50亿美元，没有风险投资资金。Accel Partners投资的1亿美元主要用于购买早期股东，而非公司建设。然而，重要的是，没有风险资本融资，公司也会成长和成功。

立足当地市场……影响更大。

——德里克·安德森，创业磨坊

德里克·安德森

“你是解决自己的问题的最佳人选。如果能解决，你可能会赢。但是无论你在哪里，你都必须是实事求是的。其他地区的创业者不要试图让公司变成色拉布或YikYak[㊀]，也不应该试图让其变成脸书，因为他们既不是马克·扎克伯格，也不在硅谷。你没法在内罗毕建立推特，因为博客和通信专家埃文·威廉姆斯（Evan Williams）在硅谷。如果埃文在内罗毕呢，可以建成吗？这也不可能。”

“我喜欢立足于当地市场并留在当地的创业者。如果

㊀ 一种新型的匿名社交网络。——译者注

你在硅谷成立一家10亿美元级别的公司，那并不会改变什么，因为硅谷还有其他10亿美元级别的公司。但是，如果你在刚果成立一家价值10亿美元的公司，那么你就会改变一切。你的影响力将会呈指数级增长。”

我们来仔细看看这六个关键要素。

1. 当地可行的大胆实用主义

要想成功，就必须务实，但也要设定大胆的目标。了解创业者所需的资源和技能，以及他们所需要的和生态系统中可被使用的是否匹配，这点至关重要。下面是一些问题。

- **实践：**当地是否有具有相关业务经验和技术专长的人才？是否有适当的监督策划系统来建设团队，完善客户合同，并推动业务发展？
- **技术：**是否有必备技术？
- **资本：**是否有必备资金？资金数量是否足够？
- **位置：**创业公司的选址和时机是否合适？是否可以利用该地区的自然优势，包括当地产业和资源？员工数量是否足够？基础设施是否完备？例如，如果一家创业公司想要建立一个数据中心，它是否需要持续稳定的电力来源？

- **客户：**本地客户是否愿意购买未经证实的创业公司的产品？

创业者的业务与生态系统不匹配，这种情况很常见。在传统意义上，失败的原因主要是未能在当地市场挖掘出当地客户，或创业公司在形成一定的市场信服力和吸引力之前，需要大量的风险投资。对于一些缺乏早期风险投资的地区而言，我们建议创业者考虑好如何为自我发展投资，去寻找愿意为产品付费的客户或者发展其他业务。我们乐于看到外部资本稀缺这种商业模式。按月定价、按年付款，这是将资金引入产业链的一种方式。

失败的另一个原因是创业者并非专注于本地区的机遇，而是试图与硅谷等热门公司竞争，甚至与全球热门公司竞争。根据乔·肯尼迪的说法，“当今世界，人们可以轻松识别和购买最好的产品。因此，如果你的目标是全球市场，就必须保证产品是最好的。如果不能，那就去做别的事情。“硅谷的热门行业在让你确定不做什么比确定做什么更有用”。

某些公司在硅谷的发展很好，但这些公司在别的地方取得成功有可能很困难。创业初期考虑周到，做到现实和务实，会增加最后成功的可能性。

当然，我们这里所说的都有例外。最后取得成功的公司无论当初在哪儿选址，它们最终都成功了。例如，用户量高达 6000 万的软件公司 Prezi 在布达佩斯和旧金山都设立了公司，也存在一些成功模仿优步、eBay、爱彼迎和亚马逊并在世界各地发展起来的公司。

许多地区要么计划复制硅谷的生态系统，要么准备创造一个可以使大型硅谷式公司发展壮大的环境，但问题是如何实现这些目标。这些地区希望实现的目标与地区本身的限制、风险状况以及可以确保成功的时间框架之间存在巨大差距，而将这些需要结合起来并联系现实才有意义。

经济发展机构的工作就是增加本地区创业者和创业公司的数量。在与经济发展机构合作的同时，我们发现建立充满活力的创业生态系统有两种截然不同的方法。一种方法主要侧重于成立成功的大型创业公司；而另一种方法则侧重于培养很多经验丰富的创业者，而其长期目标是创造成功的创业公司。

这种“大突击”方法的重点是建设从 IPO 中退出或被并购的大型全球性公司。这些公司通常需要大量的风险投资，结合适当的“成人监督”（经验、指导、支持和指导），大约需要八年的时间才能成熟，并且运气很重要，因为成立这样一家公司的概率很小。Skype、阿里巴巴和腾讯就是很好的例子。但需要强调的是，取得巨大成功的可能性依然很低，在胜利者出现以前早就有无数的失败者了。

第二种方法的重点是提升“源头力量”。这种方法的短期目标是培养有经验的创业者，而不是成功的公司。这些创业者凭借少量资本成立了大量公司，并从创业过程中获得了宝贵的经验。这些公司大多数注定失败，但企业家有机会从失败中学习，争取下次做得更好。能够创立成功的大型全球公司的创业者很少，大部分创业者可能会在第二、第三或第四次尝试中获得成功。“源头力量”方法的优点是，在明确产品 / 市场契合度和实际市场吸引力之前，几乎不会有投资方投资任何一家公司。

虽然这两种方法是不同的，但它们不是相互排斥的。理想情况下，一个地区会鼓励许多创业公司并给予它们足够的时间，希望能有一家或多家公司成为大赢家。

2. 经验丰富的创业者和合格的高级管理人员

创业者是生态系统的核心。每个地区都有这样一批创业者，无论人才、资金和资源是否准备就绪，他们都敢于承担风险，勇于创业，但有些人甚至没想过创业。对于这些不曾想过创业的人，受教育程度的提高和意识的改变可能会让他们在后续的职业生涯中考虑创业。

将创业视为职业发展规划的一部分，这在美国或全球都不太普遍。但是，这可能会随着时间的推移而改变。

——安·温布莱德，哈默—温布莱德风险投资公司

高中和大学的正规创业教育加上相关实习，会促进人们在后续的职业生涯中考虑自己创业。大学教授的针对性培训以及硅谷等创业中心的教育项目有助于拓宽观点、激发创新。就像在一家知名的大型公司工作的员工享有声望一样，创业公司也应该得到同样的声誉。

实际上，美国有很多电视节目和电影美化了创业者和创业公司，例如，包括硅谷《HBO 秀》以及美国广播公司（ABC）的《鲨鱼坦克》在内的电视节目；包括《社交网络》和《实习生》在内的电影，以及较早的纪录片，如 1999 年的电影 *Startup.com*，还有很多其他书籍、电影以及以苹果公司已故联合创始人史蒂夫·乔布斯为原型的纪录片。利用纸媒、在线网络和娱乐渠道增加社会对创业公司和创业精神的接受度，这一计划在任何地区都有效。如果一个生态系统中能产生成功的创业者，那么随着时间的推移，该地区的创业者人数将会大大增加。这种情况就发生在硅谷。

在施乐工作期间，我学到了很多关于销售、流程、质量以及以客户为中心的组织等方面的知

识。公司保证培训的有效性，我从中学到了很多关于销售的内容。如今，具有团队合作经验的创业者，其成功概率更高。

——凯文·巴鲁蒙德，SV101创投公司

你所在地区的创业者将来自哪里？在中型和大型公司工作过的人是创业者的理想人选，因为他们熟悉专业知识、流程且拥有一定的客户量。如果这些人无意创业，那么就从其他地方吸引创业者。虽然轶事表明，只要方案、资金可用，这些游牧企业家就会偏向于停留在一个国家里。但是，单纯通过项目资金吸引创业者只在短期内具备一定价值。

旧金山的 Eventbrite 和 Slack Technologies 的办事处入口[⊖]

⊖ Eventbrite 是一个在线活动策划服务平台，Slack Technologies 是一家加拿大软件公司。——译者注创业公司是混乱的工作场所，改变，那算是异想天开。

——安·温布莱德

安·温布莱德

安·温布莱德是哈默－温布莱德风险投资公司的共同创始人和总经理，该公司是一家风险投资公司，成立于1989年。

“如果你想尝试创业，试试去谷歌、脸书或亚马逊等公司工作。这些公司已成立了5～15年，并位居行业顶端，发展迅速，每个员工都能负责做好自己的事情。”

“创业公司是混乱的工作场所，改变，那算是异想天开。创业公司的新员工需要接受正式培训，以便他们知道如何才能完成自己的工作。而在谷歌、脸书或亚马逊这样的大公司中，你很快会发现自己是否可以从头开始学习。例如，阿里巴巴和Akinternet这种硅谷以外的公司，正在为世界其他地区的创业者服务。”

3. 为创业者提供支持社区、合格的导师和针对性培养计划

社区支持对于所有的创业者来说都很重要，因为他们可以相互学习很多东西。一个合作社区意味着“每个人都在一起”，这也有助于促进友情。共同的工作场所、咖啡馆、非正式聚会和聚会都有利于建立社区。在其他地区开展的创业启动项目也有助于提升导师的价值。

我们在其他地区开展的许多创业公司启动计划提升了导师的价值。然而，经验丰富的导师懂得如何使创业公司有效增值，而这样的导师并不多。我们一直在积极开展正式的导师培训，以此建立具有一定规模的导师队伍，为他们所在地区的创业公司提供帮助和指导。

导师有不同的背景：一些导师本身就是有经验的创业者，其他一些导师则在中型或大型公司中工作过。专业服务人士在硅谷担任创业公司导师，这在世界各地越来越常见。他们为创业公司带来大量经验，且有助于改善整个系统。他们从跟进新兴公司的发展中受益，并从中为自己的公司创造一系列机会。

帮助创业者发展的一种更具战略性的方法，是通过在共享工作区、公司和服务专员办公室提供的项目和讲座来开展教育。即使是最优秀的创业者也能从培训项目

中有所收获，这些项目通过包含热门主题的课程对创业者发起挑战，主题涵盖了诸如公司的价值主张、产品/市场契合度，以及公司潜在客户和合作伙伴的定位技巧等。这些主题目前已经成为且将长期成为创业公司面临的主要挑战。

在硅谷以外的许多地方，有创业者冒着风险创办公司。然而，如果创业失败，社会准则会将失败归咎于创业者，并由此判定：他本身就是一个失败者。人们不知道硅谷公司和其他地方的大多数公司一样也会失败，成功与否取决于创业者能否不断努力直到找到成功方案。创业者和更大规模的社区需要认识到，许多硅谷创业者在取得成功之前经历过一次或多次失败。

2013 年，我们在韩国首尔大学的会议上向 Alphabet[㊀]（谷歌母公司）的执行主席埃里克·施密特（Eric Schmidt）发表了开场致辞。在那次活动中，施密特用一句话总结了这一点："失败是开始学习的标志。"这是我们一致认同的观点。

4. 专注成功而非失败并相信自己"能做到"

当受邀在某地协助开展创业活动时，我们经常听到：

㊀ Alphabet 是谷歌重组后的"伞形公司"（umbrella company），Alphabet 采用控股公司结构，把旗下搜索、YouTube 以及其他网络子公司与研发投资部门分离开来。——译者注

“因为……我们不能开始 / 成功 / 成长。”人们将失败指向缺少资本、人才、导师或支持伙伴，他们经常抱怨当地的态度和信念阻碍了成功。这些说法可能是真的，但大多数人忽视了更重要的一点。不要关注失败。如何用较少的金钱、时间和资源来完成一些事情？虽然要完成这些事情可能具有很大的挑战，但这些制约因素往往会带来洞察力、创造力、创新和机会。

硅谷是进行自由落体的伟大之地。我们在成功之前不理会风险。

——克里斯·希普利

克里斯·希普利

克里斯·希普利有多重身份，她是记者，也是技术分析师，还是知名路演峰会 DEMO 的前总策划，她与世界各地的创业公司合作过。

克里斯·希普利曾出席了在波兰召开的“创新欧洲”（Innovation Europe）会议，并在会后表示惊讶和失望。因为出席会议的人谈论的是他们十年前就讨论过的事情。

他们对缺乏风险资本表示遗憾，他们抱怨了许多其他事情，这使得成功创业对他们来说，即使不是不可能的，也是很困难的。硅谷仍然被视为可以获得成功的唯一的神圣之地。克里斯不相信这种说法。她认为，在世界上任何地方成功创建公司都很困难，包括硅谷。

她说道："真正存在的唯一区别是，硅谷人愿意冒险。硅谷是进行自由落体的伟大之地。我们对失败的风险视而不见，直到我们取得成功。硅谷以外的人也同样聪明，就算没有更好的想法，他们的想法也可以说是。他们也比硅谷更有成本优势。阻碍创业者的既不是缺乏风险资本，也不是没有创业生态系统，相反，阻碍他们的是绝望感和不愿意采取行动。他们以没有风险资本为借口而将失败合理化。他们抱怨没有导师，但那就像'我不知道自己在做什么，所以我什么也不做'一样。人们被不可能而不是可能所困扰。但如果你什么都没有，你所谓的冒险是在冒什么险呢？投资者和导师只是帮助他们在硅谷以外发现更多工作而已。"

把环境当作借口很容易：因为这些因素对你不利，所以不要费心去尝试。但具有讽刺意味的是，这些制约因素是创新的根源！如果你有最好的工程师、经理、营销人员等，你就不必那么辛苦地工作了。但是，如果你的大学好友和你仅仅靠卖拉面生存，那么你就必须更加有创造性地思考你所做的事情了。当我看到硅谷的创业公司在拐角处提供意大利浓咖啡或玛格丽特红酒时，我认为这是阻碍公司进步的两点弊端。这些公司关注了错误的事情，并进行了错误的投资。

“文化改变是所有改变中最困难的。许多地方的文化在家庭和传统观念中根深蒂固。所有的创业竞争优势和促进创业的努力都只会产生极小的影响，除非你意识到这些问题的存在！”

“那么，你如何改变文化呢？这是一个榜样问题。你需要把学习、教育和经验带到你所在地区中。硅谷不仅代表一个地理位置，而且是一种精神状态的代名词。来自其他地方的创业者说：‘我办不到。’硅谷创业者却致力于让一切成为现实。”

“政策制定者需要考虑如何围绕地区的核心能力开展建设工作。就波士顿而言，这些核心竞争力集中在医院和研究领域。大学变得聪明起来，懂得如何把实验室里的东西应用于社会中。来自麻省理工和其他学院的教员已成为公司的创始人或联合创始人。”

很多公司是在经济萧条或衰退时期开创的，例如微软、惠普、美国有线电视新闻网和维基百科基金会。Cloudera和优步分别创建于2008年和2009年，在全球金融危机中战胜挑战生存了下来。

尽管生态系统、经济或市场存在局限性，但创业成功的故事比比皆是。

通过分析本地或国际上成功的创业案例，这种“能做到”的精神会被发扬光大。他们可以成为“名人摇滚明星”，并通过坚持不懈、取得成功的故事激励他人。同时，创业者的失败经历也可以用来突出创业失败后的生活，而这可能是另一个创业的开始。

> 硅谷有一种文化：在一开始让创业者受益于质疑。
>
> 因为我们这样做了，所以创业者的想法会更高远、更大胆。
>
> ——凯文·巴鲁蒙德，SV101 创投公司

硅谷以外的创业者往往关注失败的可能性而不是成功的机会。结果，他们在两头下注却都只付诸一半的行动。我们知道，创业者之所以决定同时经营两家甚至三家创业公司，是因为他们担心至少有一家公司会倒闭。这种方法并没有增加成功的机会，反而大大增加了失败的可能性。同样，我们也看到过，投资者因为过于担心公司会失败，即使在公司已经证实其市场潜力之后，仍然只投入过少的资本，结果扼杀了公司的发展。这是害怕失败导致决策错误的另一个例子。

5. 包容尝试和重复的文化

在硅谷，允许尝试是创业过程中不可或缺的一部分，我们相信这也是任何创业生态系统创造成功的关键。创建公司就是不断尝试——关于产品、市场以及产品 / 市场契合度，尝试建立一个可重复的销售模式，直到把一切做好为止。重复和尝试过程以及完成这项任务所需的时间框架，都需要包含在公司计划中。同样，投资者需要了解的产品 / 市场契合度和可重复的销售模式，几乎总是通过尝试和重复来发现的。这一点应该被纳入投资决策过程加以分析。

虽然创业者在讲述自己的成功事迹时，很自然地把成功之路进行了简化，但对成功之前不断进行尝试的细节了如指掌，这对他们来说是很重要的。在媒体上强调这些事迹和经验可以有效地让人们更加了解和赞赏创业之旅的漫长和艰难。

最后，投资者需要认识到，运气比选择合适的投资公司更为重要。不止一位硅谷投资者说过，比起聪明，他更想要的是运气。

6. 关键客户群体，如公司和政府实体

识别市场机遇、寻找客户和达成交易，对于面临这

些挑战的创业者来说，大公司和政府机构需要开放权限，向创业公司购买产品。这意味着采购过程中的产品需求和时间表对创业公司必须是开放友好的。我们见过这样的例子，因为被要求提供公司五年的财政数据，所以创业公司很容易就被排除在投资商的考虑范围之外。

有很多方法可以帮助创业公司适应当地市场的需要。利用编程马拉松已经成为为公共和私营部门中的问题制定解决方案的有效途径。它们还为从公司和政府赞助者那里得到早期购买提供了额外的好处。政府也可以鼓励公司或机构从创业公司那里购买产品，它们可以创造有利于创业公司发展的税收抵免和税收优惠政策。

除了上述我们提到的六个因素外，还有一些其他因素对创业生态系统的发展也非常重要。

老练的投资者：通过对投资者进行早期培训，我们知道消息灵通、目光长远的投资者对创业公司和区域系统是有帮助的。他们为创建下一家成功的大型公司增加可能性。完全具有金融或银行背景的投资者往往注重财务 KPI 和其他一些与跟进公司早期发展不那么相关的指标。投资者对建立成功的创业公司这一挑战充满兴趣，并能为之增加价值，这样的投资者是创业者所需要的。具有创业经验的投资者能够更好地帮助创业者应对广泛的挑战。

要想创造一个成功的、充满活力且运作良好的创业环境，高学历的天使投资人和种子投资人尤为重要。

早期投资者可以通过硅谷的地方行政教育项目等一系列项目来更好地进行投资准备。这些项目提供了宝贵的同行学习机会，提高了投资者与创业公司合作成功的概率。

严厉的爱：即使是最好的创业者，即那些专注于自我规划的人，也需要务实的坦率和残酷的诚实来帮助他们理清选择，做出决定，朝着目标前进。这就是我们所说的严厉的爱。

严厉的爱不是指因为首席执行官没有实现 5% 或 10% 的收入目标而打击他，也不意味着翻出 6 个月或 12 个月前做出的错误决定，旧事重提。真正的严厉的爱有助于首席执行官认识到他从错误决定中学到了什么，以及他将来会做出什么改变。这个月 10% 的收入短缺会在几个月后变成 50% 吗？还有更大的潜在问题需要解决吗？诸如此类的问题会被提出和探讨。

首席执行官在公司里通常找不到合适的人来共同探讨他们所面临的挑战。首席执行官与董事会的关系是复杂的，特别是在董事会成员可能参与未来的融资时。在这种情况下，首席执行官对公司面临的问题和挑战可能不会那么坦诚。此外，首席执行官总是同时处理太多的任务和目标。同时管理多项任务是非常困难的，尤其是对于经验不足的首席执行官来说。大部分情况是首席执行官必须在信息不完整时就做出决策。这种情况自然会使首席执行官推迟或避免做出艰难的决定。在所有这些情况下，有一个值得信赖的知己很重要，特别是他拥有严厉的爱。

我们经常看到的是，没有经验的投资者或资助项目管理人员把大量的钱提供给了公司，而他们没有成人监督的必备水平，换句话说，就是不具有严厉的爱。当缺乏这些因素的时候，创业者们并没有清晰地思考他们的选择，也没有坚持做出艰难的选择，还不总是承担应有的责任。这减少了创业者成功的机会。创业者需要诚实的反馈来了解他们在哪个位置，需要处理哪些问题，以及如何将公司所有部门团结起来。

我们已经在世界范围内开展领导加速课程来教授大师班学生，并为这些创业者面临的挑战提出应对之法。作为这一过程的一部分，我们已经为许多创业公司做好了准备评估，帮助找出这些公司的具体问题、弱点和机会。我们在大师班中广泛使用的评估和基准测试工具是 G/Score，它是由记者、技术分析师兼知名路演峰会 DEMO 的前执行制片人克里斯·希普利开发出来的。在听取了 25 000 多家创业公司的演讲后，她已经非常擅长识别公司现状和公司缺点、机会以及增长和改进领域了。G/Score 在开始关于首席执行官面临问题的谈话时十分有效。它对于导师和投资者来说也是一个极好的工具。它被收录在附录 C 中。

硅谷是一个可以前来学习的地方，在这里你可以找到客户、合作伙伴和资本。你可能会发现，每次你拜访它的时候都会重新定义它，因为它总是在变化。但是请记住：它不是全部。

下一步取决于你。不要把关注点放在限制因素上，在开创你的事业时，将这些束缚视为促发创造力、创新性和聪明才智的催化剂。忘记那些有可能出错并且即将出错的事情。不要专注于可能引起失败的所有方式，而是专注于取得成功。

这是本章的结尾，也是本书的结尾。我们希望这本书在你未来的创业之旅中伴你前行。

创业者无处不在。任何地方都充满了可能。

无论身在何处，你都需要帮助和支持。如果我们能帮助你，请让我们知道。

附录A

资　源

这部分是网络资源列表，包括信息、活动和文章，可能对你有用。当然，还有许多其他资源。如果你对本书在今后再版时应当包含的更多链接有所建议，请联系我们。

活动

SVForum（硅谷论坛）每个月都会举办会议和活动，创业公司、投资者和其他公司等都会参加。（www.svforum.org）

TiE（美国印度企业家协会）成立于硅谷，在硅谷大放异彩后走向世界，每年都会举办会议，为创

业公司提供指导、服务和赞助。(http://sv.tie.org/cevents)

Silicon Vikings（硅谷瑞典企业家协会）开展了一些项目，针对创业公司感兴趣的话题发表演讲。(www.siliconvikings.com)

Meetup[㊀]网站每月列出包含一系列主题的项目，其中许多话题是创业公司感兴趣的。(www.meetup.com)

知名路演峰会DEMO每年为创业公司举办技术会议。(www.demo.com)

TechCrunch Disrupt大会[㊁]每年举行一次。(http://techcrunch.com/event-type/disrupt)

创业网创业磨坊在硅谷和世界各地都会举办很多活动。(www.startupgrind.com)

资源

F6S[㊂]每周发送关于世界各地创业项目清单的邮件。

㊀ Meetup网站的使命是振兴当地社区，帮助人们在世界各地找到正在发生的线下聚会。——译者注

㊁ 初创公司社区的年度活动，曾在旧金山、纽约和伦敦举办。——译者注

㊂ F6S是全球创业公司免费交换信息的中心。——译者注

（www.f6s.com）

柏尚风险投资公司提供审核通过的投资公司信息。（www.bvp.com/portfolio/anti-portfolio/）

普华永道发布关于风险资本投资和趋势的季度报告。（www.pwcmoneytree.com）

美国国家风险投资协会（National Venture Capital Association）提供有关于风险投资行业的法律文件模板和年度报告。（http://nvca.org/resources/model-legal-documents 和 http://nvca.org/research/stats-studies）

Re/code[㊀]网站包含了对创业公司有价值的大量信息。（www.recode.net）

在线幻灯片分享社区 SlideShare[㊁]为创业公司提供一些有用的资源，包括投资者和创业者的演示文稿，这些文稿对收集竞争对手信息或准备自己的演讲十分有用。（www.slideshare.net）

法律公司领军者奥睿律师事务所（Orrick）拥有创

㊀ 一个独立的科技新闻、评测和分析网站，汇聚了科技业和媒体业内消息最灵通、最受敬重的记者，目标是“重新设想科技新闻”。——译者注

㊁ 一个专业的幻灯片存储与展示网站，也是世界上最大的幻灯片分享社区之一。——译者注

业公司工具包，以术语表和标准的法律形式为特色。（http://orrick.com/practices/emerging-companies/pages/startup-tool-Kit.aspx）

Garage Ventures 为创业公司提供一系列资源和信息。（http://www.garage.com/resources）

CB Insights 提供有关风险投资新闻和趋势的宝贵信息。不妨去该咨询网站注册个账号。（www.cbinsights.com）

Link Silicon Valley[一]网站提供关于风险投资公司的有用信息，包括它们的投资者、管理团队和董事会成员。（www.linksv.com）

Venture Beat[二]为风险投资公司提供它们感兴趣且对它们有用的文章。（www.venturebeat.com）

Crunch Base[三]为获得风险投资支持的公司提供有用信息。（www.crunchbase.com）

Kickstarter 是重要的众筹网站之一。（www.kickstarter.com）

㊀ 了解硅谷人员、资本和公司信息的首选网站。——译者注

㊁ 技术创新新闻视角的主要来源，帮助高管、企业家、科技爱好者做出明智的决定。——译者注

㊂ Crunch Base 是发现行业发展趋势、投资和全球范围内成百上千个公司消息的首选地。——译者注

Indiegogo 是另一个领先的众筹网站。（www.Indiegogo.com）

AngelList 是寻找天使投资人的网站。（https://angel.co）

图书

哈罗德，巴克兰，等 . 他们创造了美国［M］. 纽约：后湾图书，2006.

该书提供了美国在过去一百多年的许多伟大发明的背景信息。

伍达德 . 美国民族：北美十一个竞争区域文化的历史［M］. 纽约：维京出版社，2012.

美国不同地区的文化、价值观和工作方式存在差异，该书从历史视角解读这一现象背后的原因。

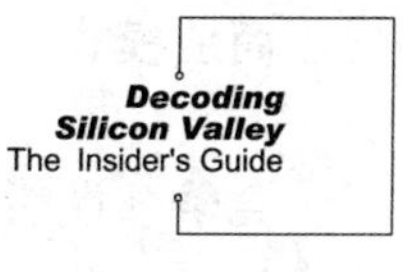

附录 B

10 页幻灯片演讲大纲

关于 10 页幻灯片演讲大纲，我们推荐从以下几个方面展开。

首页　公司信息：公司名称、联系人、电子邮箱地址和标语 / 宣传语

问题　客户概况及经济方面的问题

解决方案　如何以及为什么能够解决问题，能为顾客提供的具体价值是什么

市场　市场是什么，市场有多大

分销　如何销售：渠道、分销、服务、支持

商业模式 你将如何赚钱

竞争 谁能解决问题，和竞争对手如何比较

团队 关键人员、相关背景、为什么这是正确的团队

里程碑 一定会实现的财政结果，何时实现

财务 多大、多快、需要多少现金，关键的假设是什么

Decoding
Silicon Valley
The Insider's Guide

附录 C

G/Score 创业公司成长评估评测方法体系

在公司评价和路演辅导过程中，采用此方法体系作为讨论框架。

总体概念	**该解决方案是否引人注目且具有创新性，能否满足明确且巨大的市场需求?**	
	4	该概念将吸引大规模市场或高价值市场。可能对现有参与者来说有很大的破坏性，或为其客户创造显著的新价值。
	3	该概念提出了明确的市场需求或市场利益，该需求目前还不能满足其他解决方案或竞争对手
	2	该概念以不同的方式满足市场需求，而市场目前满足一些可行的替代方案。
	1	该概念不能满足某一明确和/或巨大的市场需求，与目前服务市场的替代方案没有明显区别。
市场机会	**市场规模和/或商业机会有多大?**	
	4	超大的全球市场（潜在市场超过100万美元），没有主要竞争者或替代方案。

（续）

市场机会	3	大型全球市场（潜在市场是 100 万美元），由一系列可替代方案或竞争对手提供服务，但不存在某一竞争对手拥有大部分市场份额的情况。
市场机会	2	重要的全球或国内市场，目前由其他方案或竞争对手提供服务，其中一个或多个竞争者占据主导地位。
	1	本地小型市场（超过 5 亿美元）或垂直细分市场和 / 或整体市场，目前由一家或多家主导公司提供很好的服务。
竞争与商业风险	**商业风险和技术风险有多大？**	
	4	市场上没有占主导地位的竞争者或类似的替代方案，且 / 或解决方案对当前的市场领军者来说是极具破坏性的。技术风险和实施风险被很好地理解。
	3	有多个竞争对手，但没有单一的市场领军者。解决方案有很明显的区分，市场渠道得到了很好的理解。
	2	有许多强劲的竞争者，解决方案没有显著差异，竞争优势可能不可持续。
	1	有许多占据优势的竞争对手。技术和实施方面的挑战没有得到很好的理解。没有明确计划进入并占领当前市场。
产品执行	**产品是否完整？能否表现出强大的产品 / 市场契合度？**	
	4	产品完整并在市场上越来越多地被目标客户所接受。
	3	产品仅在早期客户中以测试版发布。积极反馈推动进一步投放。
	2	产品是预发布的（首发）。概念已经在目标客户中进行了试销。
	1	产品仅仅是概念和 / 或第一原型。没有进行大规模的市场试验 / 试销。
业务执行	**关键业务基础设施和适合的渠道合作伙伴是否已到位并能支持增长？**	
	4	该公司已建立了自己的市场渠道和伙伴关系。关键的基础设施已到位且被投放，并服务客户，向市场交付产品，支持增长和扩张。
	3	业务由既定的管理和组织实践流程支持。如有必要，IP 保护会到位。关键伙伴关系已建立。
	2	关键业务结构已到位。创始人已聘请适合的顾问 / 董事会成员来指导战略。市场化的伙伴关系正在形成。
	1	通过使用基本工具来管理业务操作，业务可以是新形成的（结构上可能合法或不合法）。没有建立有效的渠道和 / 或市场伙伴关系。

（续）

团队		**经验丰富的管理团队和合适的人事管理实践是否已到位？**
	4	管理团队完整，关键管理人员具有管理市场机会的相关经验。合适的人事管理制度已经到位。
	3	管理团队接近完整，但缺少一个或多个关键的管理人员——针对当前机会具有适当的市场和业务经验。人力资源实践尚未完全确立。
	2	创始管理团队已经到位，但在组织结构上存在重大差距（例如，缺少财务或营销主管）。关键角色由承包商而不是雇员承担。
	1	只有创始人。可能缺乏关键的业务、市场或技术技能。
商业模式和客户		**公司是否了解业务的度量标准？商业模式有效吗？**
	4	业务在明确且经过验证的商业模式下运作。成本和定价、客户获取模式和度量指标都得到了很好的理解。顾客进行购买。达到收入和业务增长目标。
	3	发展了清晰的收入和业务模式，制定了定价和客户获取策略。早期市场试验表明购买意愿。迄今为止，尚未达到业务增长目标。
	2	定义了收入和业务模式，但概念没有得到广泛的试验。
	1	没有明确的收入途径。不了解客户和 / 或渠道要求。

致 谢

我们对本书撰写过程中所有帮助过我们的人致以谢意。本书初稿的审阅人提出了宝贵的建议。他们是德博拉·西格尔（Deborah Siegle）、卡洛斯·佩索阿小（Carlos Pessoa Filho）、弗兰克·毕晓普（Frank Bishop）、格罗利娅·亨特（Gloria Hunt）、莱娜·斯杰斯弗勒·舒尔茨。要特别感谢苏珊·卢卡斯·康威尔，她十分亲和地阅读了原稿的多版修改稿。在第一轮修改中，苏珊提供了我们真正需要的部分：严厉的批评和严厉的爱。她敦促我们重写这本书的大部分内容，使其内容更加集中且充实。

我们非常感谢霍莉·布兰迪（Holly Brady）所做的认真、全面的编辑协助工作，使本书更加条理清晰，删除了冗余部分。感谢他提醒我们将想法提纲化，而这一点被我们忽视了很久。

我们要感谢 Wibroe 的卡斯滕（Carsten）、海蒂（Heidi）、克里斯蒂安（Christian）、威廉姆（William）、佩妮莱（Pernille）和卡米拉（Camilla），Duckert、哥本哈根的合作伙伴以及

硅谷的 X（实验室）——又名 WDPX。这个高效的团队为本书的发行和封面设计贡献了创造性的灵感、宝贵的专业知识和详细的实施方案。

感谢基思·米尔恩（Keith Milne），本书的设计师，他让本书便于阅读。

同样感谢埃莉·贝尔（Ellie Baer），为我们拍摄了精彩的硅谷图标照片。

感谢玛娅·布兹比（Maia Buzbee），真诚地感谢她在第 2 章的图表上所做的工作。

感谢艾莉·博维尔（Ally Boville），录制了特别多的访谈。

感谢阿萨·马塔特（Asa Mathat），提供了作者照片，感谢他的团队成员斯凯勒·斯坦利（Skyler Stanley）、丹妮尔·托尔森（Danielle Tolson）和克里斯·希普利。

感谢埃尔西·阿蒂恩萨（Elsie Atienza），他风趣十足、极富幽默感，对我们在 WSCJ 律师事务所办公室中的频繁进出给予包容。

感谢所有接受采访的人，感谢他们在百忙之中抽出宝贵的时间，感谢他们提供的独到观点和智慧。他们在繁忙的日程中把我们考虑在内，为我们提供了远见卓识。

- 德里克·安德森，创业磨坊
- 塞尔丘克·阿特利，Serial Entrepreneur
- 凯文·巴鲁蒙德，SV101 创投公司
- 瑞秋·法勒，Tonlé Design
- 巴拉兹·法拉格，Real5D
- 戴安·费恩，GSVlabs
- 维基·福里斯特，ANZA 技术网络公司
- 比尔·格罗索，Scientific Revenues
- 乔·肯尼迪，Pandora 公司
- 达尼洛·列奥，BovControl
- 戴维·李，韩国 SK 电讯公司
- 菲尔·利宾，印象笔记和通用催化风险投资公司
- 苏珊·卢卡斯·康威尔，Innovation Catalyst
- 戴夫·麦克卢尔，500 Startups
- 彼得·马克托里奥，斯坦福国际研究院
- 贝弗莉·帕伦蒂，最后一公里
- 马丁·皮切森，Agency iP
- 法比奥·桑蒂尼，Neteye
- 莱娜·斯杰斯弗勒·舒尔茨，42 Associates
- 约翰·斯卡利，Southern Cross 合伙公司

- 克里斯・希普利，技术分析师
- 安迪・曹，硅谷银行
- 马克・怀特，WSCJ 律师事务所
- 安・温布莱德，哈默－温布莱德风险投资公司
- 克里斯・叶，PBWorks 公司
- 齐亚・优素福，波士顿咨询公司

鲍勃・卡尔（Bob Karr），在许多年前有胆识使我们彼此认识。为此深表感谢。

马克・伍德沃兹（Mark Woodworth），感谢他的编辑才华。

特别感谢马克・怀特，他为我们提供了会议室，同时感谢他在我们与书中各种主题做斗争时提出的宝贵意见。

感谢我们的家人和朋友。当我们提出写这本书时，他们没有说我们疯了。相反，当我们在其间摸索发展时，他们不断鼓励和支持我们。

最后，要特别感谢我们在硅谷和世界各地旅行中遇到的所有创业者。特别感激硅谷以外的创业者，因为他们不断地让我们意识到，我们在硅谷是多么的异想天开。在任何地方，成功都不是一件容易的事，但从多个角度来看，在硅谷之外更难成功。

博恩·崔西职业巅峰系列

ISBN	书名	价格	作者
978-7-111-57387-6	吃掉那只青蛙：博恩·崔西的高效时间管理法则（原书第3版）	35.00	（美）博恩·崔西
978-7-111-52752-7	博恩·崔西的时间管理课	39.00	（美）博恩·崔西
978-7-111-53337-5	高绩效销售	35.00	（美）博恩·崔西 迈克尔·崔西
978-7-111-50313-2	高效人生的12个关键点	39.00	（美）博恩·崔西
978-7-111-47327-5	魅力的力量	30.00	（美）博恩·崔西 罗恩·阿登
978-7-111-47255-1	谈判	30.00	（美）博恩·崔西
978-7-111-47323-7	授权	30.00	（美）博恩·崔西
978-7-111-47931-4	激励	35.00	（美）博恩·崔西
978-7-111-48368-7	涡轮教练：教练式领导力手册	30.00	（美）博恩·崔西
978-7-111-52195-2	压力是成功的跳板	30.00	（美）博恩·崔西
978-7-111-47421-0	涡轮战略：快速引爆利润 成就企业蜕变	30.00	（美）博恩·崔西